中国手语常用词
构造类型分布及变异研究

陈小红 ◎ 著

中国社会科学出版社

图书在版编目（CIP）数据

中国手语常用词构造类型分布及变异研究／陈小红著 .—北京：中国社会科学出版社，2023.12
ISBN 978-7-5227-2394-5

Ⅰ.①中… Ⅱ.①陈… Ⅲ.①手势语—研究—中国 Ⅳ.①H126.3

中国国家版本馆 CIP 数据核字（2023）第 143882 号

出 版 人	赵剑英	
责任编辑	梁剑琴	
责任校对	王佳玉	
责任印制	郝美娜	

出　　版	中国社会科学出版社	
社　　址	北京鼓楼西大街甲 158 号	
邮　　编	100720	
网　　址	http：//www.csspw.cn	
发 行 部	010-84083685	
门 市 部	010-84029450	
经　　销	新华书店及其他书店	

印刷装订	北京市十月印刷有限公司	
版　　次	2023 年 12 月第 1 版	
印　　次	2023 年 12 月第 1 次印刷	

开　　本	880×1230　1/32	
印　　张	7.375	
插　　页	2	
字　　数	201 千字	
定　　价	58.00 元	

凡购买中国社会科学出版社图书，如有质量问题请与本社营销中心联系调换
电话：010-84083683
版权所有　侵权必究

摘　　要

本书利用复旦大学中国手语语料库中的词汇数据库，研究中国手语的手势构造与词汇变体，各种构造类型在中国手语常用词中的分布，中国手语在词和语素层面上的象似性程度、常用词的变异性以及常用词所受汉语影响的程度与方式。本书对中国手语词汇语料中标注为"性状类""动作类"和"社会文化类"的常用词总共614个，对语料库中采自中国内地30个主要城市的58份完整视频语料、总共35612个手语词视频进行了考察，对其中有常见变体的600个词的常见变体的构造类型的数量与占比、各种构造类型在三类常用词中的分布情况及其变异性进行了统计分析和深入研究。

"造词法"与"构词法"是两个概念、两个研究领域，本书中国手语手势构造研究主要属于"造词法"方面的研究，而非单纯的"构词法"研究。中国手语手势构造，即中国手语纯手语词中单手势词的构造类型与构造特点。借用皮尔斯符号三分法理论，我们将中国手语中的手势（同时也是单手势词）分为规约性手势、象似性手势和指示性手势三种类型。中国手语中有大量的规约性手势、相当一部分象似性手势和少量的指示性手势。由于纯粹的指示性手势很少，因此，本书研究中国手语手势构造，只研究其中的规约性手势和象似性手势，不研究指示性手势。

中国手语规约性手势包括五种类型：普通类、价值类、隐喻类、空间量类和提示类。第一种普通类是普通的规约性手势；第二种价值类包含（或融合）聋、听通用的"好""坏"价值判断手形；第三种隐喻类在手势构造方式中隐含着某种微妙的隐喻联系；第四种空间量类试图模拟抽象的空间量，尽可能地化抽象为具体，即以具体来表抽象；第五种提示类则含有提示性的动作符号。

中国手语象似性手势包括形仿和动仿两个大类。形仿手势又可分为静态形仿手势和动态形仿手势两种类型。动仿手势又可分为身体动作模拟类和操作模拟类两种类型。操作模拟类手势有两个不同的视角，一是主体视角；二是主、客体混合视角。前者可称为主体视点型，后者可称为主、客体混合视点型。象似性手势体现了中国手语手势构建中的"近取诸身、远取诸物"原则。

词汇变体，即同一个词的不同构造方式；或者毋宁说，是一组异形同义词（如果该词的词汇变体不止一个的话）。词汇变体的判定标准为"显著差异度"。手语中词汇变体的差异与差异度，主要取决于变体的构造类型和具体的构造方式这两个方面。

中国手语性状类、动作类和社会文化类常用词，绝大部分都有常见变体（变体0），这些有常见变体的词中，基本无变异词占43%；有变异词占57%。虽然有变异词的占比比基本无变异词高了14个百分点，但是，这些有变异词都是有常见变体的，常见变体是中国手语词汇中的共同部分和稳定性成分，因此，中国手语常用词在整体上是稳定的，但同时又具有变异性。中国手语词汇变异的总原则是：任意性越强的手势越容易发生变异，而象似性和理据性越强的手势则越稳定。

中国手语性状类、动作类和社会文化类常用词的常见变体中，纯手语词占83%，汉语借词占17%。而汉语借词中仿译词占87%，其他形式则相对较少，仅占13%。可见，整体而言汉语借词对中国手语常用词的影响不大。

中国手语借用汉语的方式有"音"译和仿译两大类,"音"译属于形式借用,即借用汉语字词的形、音、义,包括仿字、书空和指拼三类;仿译则属于结构借用,即借用汉语词的内部结构,包括完全仿译和不完全仿译两类。不完全仿译即局部仿译,亦即大体结构的借用,而非精确的结构仿译。汉语影响中国手语词汇的主要方式为仿译,即结构借用。而含有"音"译成分的仿译词占有一定的比重,又说明在结构借用中还包含着一定程度的形式借用,这是中国手语汉语借词的一大特点,也是汉语影响中国手语的途径之一。

中国手语常用词纯手语词中单手势词占绝对优势,高达98%;多手势词占比极低,仅占2%。而纯手语词的单手势词中,规约性手势占72%,象似性手势占28%。中国手语常用词中规约性手势远远多于象似性手势,这说明在词和语素的层面上,中国手语确实具有一定的象似性,但是,整体而言,中国手语常用词的象似性程度远不及其任意性程度高。三类常用词的象似性程度也不均衡,象似性程度最高的是动作类,这应与其语义特征有关,因为"动作"义在手语中更适宜于以动仿手势来表达;而象似性程度最低的则是性状类,这也应与其语义特征有关,因为"性状"义比较抽象,大多无形可象。

另外,中国手语性状类、动作类和社会文化类常用词中均无指示性手势。与性状类和动作类常用词不同的是,社会文化类常用词中出现了少量无常见变体的词,社会文化类常用词纯手语词中则出现了少量多手势词。

关键词:中国手语;手势构造;词汇变体;变异性;规约性手势;象似性手势;汉语借词;仿译

目　录

第一章　引言 …………………………………………… （1）
　一　国内外相关研究综述 …………………………… （1）
　二　中国手语构词与词汇变异研究中存在的主要问题 …… （5）
　三　本书的研究目标 ………………………………… （15）
　四　本书的研究意义 ………………………………… （16）
　五　本书的研究对象 ………………………………… （16）
　六　本书的语料来源及研究方法 …………………… （17）
　七　本书的研究内容 ………………………………… （21）
　八　几点说明 ………………………………………… （22）

第二章　中国手语手势构造与词汇变体研究 ………… （34）
　引言 …………………………………………………… （34）
　一　汉语"造词法"与皮尔斯符号三分法对本书研究
　　　思路的启示 ……………………………………… （38）
　二　规约性手势 ……………………………………… （42）
　三　象似性手势 ……………………………………… （49）
　四　中国手语词汇变体研究 ………………………… （78）
　五　词汇变体与显著差异度 ………………………… （82）
　六　本章小结 ………………………………………… （93）

**第三章　中国手语性状类常用词构造类型分布
　　　　　及变异性研究** ………………………………… （96）
　引言 …………………………………………………… （96）

一　性状类基本无变异词构造类型及其数量、
　　　占比研究 ……………………………………………（98）
  二　性状类有变异词构造类型及其数量、占比研究 ……（103）
  三　中国手语性状类常用词词汇构成研究 ……………（108）
  四　中国手语性状类常用词变异性研究 ………………（115）
  五　本章小结 ……………………………………………（119）

第四章　中国手语动作类常用词构造类型分布及变异性研究 ……………………………………（121）

  引言 …………………………………………………………（121）
  一　动作类基本无变异词的构造类型及其数量、
　　　占比研究 ……………………………………………（122）
  二　动作类有变异词的构造类型及其数量、占比研究 …（127）
  三　动作类常用词的构造类型与数量、占比综合研究 …（133）
  四　中国手语动作类常用词词汇构成研究 ……………（136）
  五　中国手语动作类常用词变异性研究 ………………（143）
  六　本章小结 ……………………………………………（145）

第五章　中国手语社会文化类常用词构造类型分布及变异性研究 ……………………………………（148）

  引言 …………………………………………………………（148）
  一　社会文化类基本无变异词的构造类型及其数量、
　　　占比研究 ……………………………………………（150）
  二　社会文化类有变异词的构造类型及其数量、
　　　占比研究 ……………………………………………（160）
  三　中国手语社会文化类常用词词汇构成研究 ………（176）
  四　中国手语社会文化类常用词变异性研究 …………（184）
  五　本章小结 ……………………………………………（187）

第六章　中国手语常用词构造类型分布的整体考察 ………（190）

  一　中国手语常用词构造类型分布及变异性整体
　　　情况总结 ……………………………………………（190）

二　三类手势在仅一个变体０的常用单手势词中的
　　　数量与占比 ………………………………………（191）
　三　两类手势在仅一个变体０的纯手语常用单手势词中的
　　　分布 ………………………………………………（194）
第七章　结论 …………………………………………（199）
　一　中国手语手势构造与词汇变体 …………………（199）
　二　中国手语性状类常用词的构造、词汇构成
　　　与变异性 …………………………………………（202）
　三　中国手语动作类常用词的构造、词汇构成
　　　与变异性 …………………………………………（203）
　四　中国手语社会文化类常用词的构造、词汇构成
　　　与变异性 …………………………………………（204）
　五　中国手语常用词结构类型分布及变异性的
　　　整体情况 …………………………………………（206）
参考文献 ………………………………………………（210）
后记 ……………………………………………………（223）

第一章

引　言

一　国内外相关研究综述

(一) 国外相关研究综述

20世纪60年代，美国学者威廉·斯多基（William Stokoe，1960，1965，1978）等首次从语言学角度对美国手语进行了研究，自此手语语言学创立，手语研究的对象也从美国手语扩展到世界各地手语。手语学界对世界各地手语从"语音"、语法到词汇变异等各个方面均展开了不同程度的研究。

在"语音"方面，从斯多基开始的国外学者对手势的手形、位置、运动等参数进行了深入的分析研究，认为手语既有同时性又有序列性，对手势的"音节"结构也有论述［斯多基（Stokoe），1960；爱德华·克利马（Edward Klima）和乌苏拉·贝吕吉（Ursula Bellugi），1979；梅尔（Meier），1983；斯肯布里（Schembri），1996，2001；纽柯克（Newkirk），1998；凡德·赫尔·斯特（Vander Hulst），2000］。

语法方面的研究包括词形变化、句法和构词法等：（1）词形变化的研究，例如，美国手语的词形变化体现了如下语法范畴：一致关系、相互性（Reciprocity）、数、分配体（Distributional aspect）和时体［爱德华·克利马（Edward Klima）和乌苏拉·贝吕吉（Ursula Bellugi），1979；费歇尔（Fischer）和凡德·赫尔·

斯特（Vander Hulst），2003］。(2) 在句法方面，主要是对表情体态、语序、关系小句等方面进行了研究［费歇尔（Fischer）和凡德·赫尔·斯特（Vander Hulst），2003；里德尔（Liddell），1978，1980，2003；贝克（Baker）和科克利（Cokely），1980；帕登（Padden），1988］。(3) 在构词法方面，有学者认为，美国手语中存在大量的复合词，另外，词的比喻义往往会伴随手势运动上的微小改变，表示对基本手势意义的约定性语义附加［爱德华·克利马（Edward Klima）和乌苏拉·贝吕吉（Ursula Bellugi），1979］。作为手势—空间语言（manual-spatial）的手语在构词上兼具序列性（sequential）和同时性（simultaneous）特征，且同时性特征更为突出［普法等（Pfau et al.），2012］。同时，手语的音位语素也使得手语中单纯词与合成词的分类一直存在争议，对手语构词法的分类也各有不同。基于手语的同时性特征，布伦南（Brennan，1990b）提出了"类标记复合词"（classifier compounds）的概念，即辅手或双手都为类标记手形语素，两者结合构成同时性复合词。约翰斯顿（Johnston）和斯肯布里（Schembri）（2007）将澳大利亚手语构词法分为以下五类：词义扩展（lexical extension）、重叠式（reduplication）、附加式（affixation）、复合式（compounding）和数字嵌套（numeral incorporation）。

手语词汇变异方面的研究主要有：在《美国手语词典》［斯多基等（Stokoe et al.），1965］的附录中，克伦伯格（Croneberg）讨论了美国东部各州手语词汇的地域差异。萨顿-斯宾塞（Sutton-Spence）等人（1990）指出，英国手语是一门表现出广泛的地域差异，且正在经历快速变化的语言。沃特世（Waters，2003）等人收集了来自英国8个地区共42位聋人的手语词汇材料，调查了被认为有地域差异的30个概念。斯坦普（Stamp，2013）和斯坦普（Stamp）等人（2014）以英国手语语料库的数据为基础，再次考察了英国手语词汇的地域变体，包括颜色词、国家名、数字和英国的地名，并进一步考察了区域差异与打手势者年龄、性别、学校位置、社会阶层、种族、受教育经历和语言背景的相关性。另外，瓦西什德（Vasishta）等人（1978）发现，印度手语词汇呈现系统性的地域差异。肯尼迪（Kennedy）等人（1997）指出新西兰手语词汇的地域性差异。约翰斯顿（Johnston，1998）指出澳大利亚手语主要有两个地域变体。艾希曼（Eichmann）和罗森斯托克（Rosenstock）（2014）发现，德国手语的区域差异与聋校的地理分布有关。[1]

（二）国内相关研究综述

手语研究在中国大陆于20世纪80年代开始起步，对中国手语的研究大体上有以下六个方面：（1）关于中国手语语素及构词类型（傅逸亭、梅次开，1986；沈玉林，1999；龚群虎，2004；倪兰，2007；刘润楠，2012）；（2）关于中国手语的"语音"形式（衣玉敏，2008）；（3）关于中国手语类标记与类标记谓语（洪卡娜，2008；陈小红，2009；李线宜，2010）；（4）关于中国手语语法、语义及概念表达（倪兰，2007：18—91；陈小红，2009：20；郑璇，2009：79—267）；（5）关于中国手语的词汇变异（陆一，2012；卢一志，2019；陈雅清，2019）；（6）其他方面（赵锡安，1999；王晨燕，2009；陈秀君，2012；孙欢欢，2010；罗琼，2010）。

对中国手语构词问题的研究主要有：傅逸亭和梅次开（1986）首次提出中国手语具有词根和词缀（傅逸亭、梅次开，1986：59—62）。傅逸亭、梅次开（1986）还试图用汉字构字法传

---

[1] 另外，还有陈（Chen）和戴（Tai）（2009）对中国台湾手语的地域差异也进行了探讨，发现其聋人更倾向于使用北部变体。因其手语与中国大陆手语不同，特此说明。

统"六书"理论来研究中国手语词的构造方式,借用"六书"中的一些术语对中国手语中的词进行了一个简单的分类和举例。傅逸亭、梅次开认为,象形指"用手的动作比划直接模拟事物的形状(部分或全体、静态或动态),体现出事物某些特征来表示某种意思、概念"。例如:"床"(双手手形如床形),静态;"船"(双手手形如船形,并向前移动),动态(傅逸亭、梅次开,1986:28—29)。沈玉林(1999)认为手语语素即"手语中最小的、有意义的构词单位",龚群虎(2004)开始了从语言学角度对中国手语各变体的全面调查、描写和研究,并首次将"语素""词缀""单纯词""合成词""复合词""派生词"等语言学概念全面引进对中国手语的构词研究之中。倪兰(2007)对上海手语词的内部语素进行了分析(倪兰,2007:168—279),对598个上海手语单语素动词进行了录像截图(倪兰,2007:202—265),对上海手语动词中的603个"复合手势"进行了语素分析(倪兰,2007:266—279)。刘润楠(2012)则"模仿有声语言提取音位的对比法",用其所设计的计算机程序提取北京手语中的语素,在911个北京手语常用词中提取出653个手势及33个手势内部语素(刘润楠,2012:42—47)。

　　对中国手语词汇变异问题的研究主要有:陆一(2012)对上海、苏州、杭州市区及奉贤、闵行、崇明地区的手语变异情况进行了调查研究,并将大城市市区的调查结果与三个非中心市区的调查结果进行了对比。卢一志(1019)用"识别标注词"(ID Gloss)对中国30个代表城市的手语视频语料进行了标注,将其中的单纯手势数据化并对其进行了定量研究。

　　陈雅清(2019)对复旦大学中国手语语料库中的词汇数据库进行了变体类型标注,并采用统计软件对标注好的数据进行了聚类分析。她指出:"变体类型的标注信息体现了1428条词目的整体差异情况,结果显示,中国手语常用词的核心词汇具有高度的一致性，语言内部的相似程度很高；从常用词整体上来讲，词汇方面的内部差异并不大，而不似汉语各方言内部的巨大差异。分别以常用词和核心词为基础数据的聚类分析结果都显示，30个城市变体聚成了两大类，从地理位置上可标记为南方变体与北方变体，位于中国西南、华东南和华中地区的主要城市归属于南方变体，北方变体则主要包括了地处东北、华北、西北和部分西南地区的主要城市。"（陈雅清，2019：128—129）陈雅清在此基础上，"进一步详细考察了核心词及构成特定语义场的几组词汇的差异情况，包括数字词、时间词、颜色词，否定词与方位词。核心词的差异情况说明，在最常用的手势中，北方方言区和南方方言区具有相当大的共性，中国手语各城市的变体并非不同的手语，而是同一种手语（中国手语）的不同方言。但南北差异确实存在，这种差异主要体现为同一手势形式在使用频率上的不同。构成特定语义场的词汇呈现出的差异情况再次证明了中国手语常用词汇南北差异的存在，同时也说明了北方变体与南方变体内部各自也存在差异"（陈雅清，2019：129—138）。

二 中国手语构词与词汇变异研究中存在的主要问题

（一）中国手语构词研究中存在的主要问题

1. 对手语在词（及语素）层面的象似性认识不清

众所周知，手语具有象似性，手语的象似性似为不言而喻、老生常谈的话题，但是，关于手语象似性的认识实则笼统而模糊，很多问题学界根本就没有搞清楚，甚至可以说从未考虑过，例如，任何一种手语作为一个语言系统，其象似性具体体现在该语言系统的哪些层面上？是体现在语素、词的层面上，还是体现在类标记结构（或准句法结构）、句法结构（短语）、句子等层面上？如果一种手语在以上各个层面均有象似性,那么象似性的特征、程度及其表现形式是否会有所不同?如果有不同,那么各个层面上不同特征、不同程度、不同表现形式的象似性对该手语的语言系统从语素、词到句法结构(短语)、句子等各层级语言单位的面貌及特点有怎样的影响?另外,哪些层面的象似性为手语与有声语言所共有、哪些层面的象似性则为手语所独有?

由于研究目的所限,以上问题不可能在本书中得到全部解决。与本书密切相关的问题是,虽然手语的象似性为学界所公认,但是对手语在词(及语素)层面的象似性却认识不清或不够重视,因而,在中国手语词(及语素)的层面象似性究竟达到了何种程度、象似性与任意性这两个特点之间有着一种怎样的平衡、手势构造与象似性和任意性这两个特点之间又有着怎样的关系、手语词的构造类型取决于哪些因素,等等,对这些问题的认识完全是一片空白。

自傅逸亭和梅次开(1986)指出,中国手语中的词根和词缀(傅逸亭、梅次开,1986:59—62),以及沈玉林(1999)将手语语素界定为"手语中最小的、有意义的构词单位",特别是龚群虎(2004)首次将"语素""词缀""单纯词""合成词""复合词""派生词"等语言学概念全面引进对中国手语的构词研究之中以来,国内手语学界便对中国手语的构词问题展开了研究,但是,研究主要还是停留在对有声语言构词法理论的借用甚至是机械搬用或套用的程度上。因为国内手语学界的此类研究大多是从有声语言理论出发,戴着有声语言的眼镜去看待中国手语中的手势与构词,而不是从手语本身的特点出发去看待中国手语中手势的构造以及词的构成问题,因而在手语构词法研究中认识不到手语作为视觉性符号和动作性符号的特殊性(手语作为视觉性符号和动作性符号而导致其中形仿和动仿等象似性手势的能产性)。国内手语学界在中国手语构词研究中显然看到了手语词与有声语言中的词同为语言符号的共性：任意性，但是，迄今为止尚未明确地认识到两者之间的巨大差异性：在词（及语素）的层面上，中国手语中的词有相当一部分具有象似性；而有声语言中的词只有少量具有象似性（如拟声词），大部分都不具有象似性。强调一下，此处的"象似性"专指词（及语素）的层面，而不是指句法层面的象似性。笼统而言，手语具有一定程度（甚或很大程度）的象似性，这一点是被学界普遍承认的，但是，具体到手语在词（及语素）的层面所存在的象似性，却是大多数学者视而不见的，或者虽然承认但是却不愿重视的，因为这是手语中一个有违早已深入人心的有声语言理论的语言事实，与普通语言学关于语言符号任意性的通识相矛盾。

2. 中国手语的手势构造问题目前还无人研究

学界对中国手语的构词（如合成词的构成类型）有研究，但是，对中国手语的手势构造问题，即单手势词的构造类型和构造特点却无人进行研究。

如果认识不到手语在词（及语素）层面的象似性，或者虽然认识到了这种象似性，却仍然囿于有声语言理论对语言符号任意性的界定以及有声语言构词法理论的本身，那么手语的手势构造问题，即手语中单手势词的各种构造类型及其构造特点也就无从谈起，只能笼统地将手语中所有的手势或词（及语素）混为一谈，一律将其视作与有声语言无异的具有任意性的语言符号。而如果手语的手势构造问题，亦即单手势词的构造类型及构造特点得不到解决的话，那么对多手势词构成问题的深入了解就会大打折扣：多手势词是由两个或两个以上的单手势序列构成的，其所由构成的单个手势在材料上具有何种特点，属于什么性质的符号；单个手势的意义是如何构建起来的，"音"义之间具有怎样的关系；单个手势在构造上具有何种特点，属于什么样的构造类型等问题也就无从知晓，那么相应地，手语构词研究也就永远只能在已知的有声语言构词法理论的范围之内转圈圈。

学界也有直接借用或参照国外的手语构词分类法来研究中国手语构词类型差异的，如陈雅清对中国手语构词类型的差异进行研究时就参照了约翰斯顿（Johnston）和斯肯布里（Schembri）（2007）的澳大利亚手语构词分类法（陈雅清，2019：83）。但是，由于其目的在于中国手语变异性研究，而不在于中国手语的构词研究，因此并未对其所参照的约翰斯顿（Johnston）和斯肯布里（Schembri）（2007）的澳大利亚手语构词分类法予以批判地吸收，也未借用此种分类法对中国手语本身的构词类型或手势构造特点进行任何研究。

另外，手语的手势构造问题没有厘清，如果手语中规约性手势、象似性手势和指示性手势同时存在的特点得不到手语学界的重视（或至少是明确的认识和承认）、视而不见的话，也很容易让一些对手语不甚了解的语言学研究者大惑不解，不明白手语中那些象似性如此之强的手势，例如那些模仿事物外形活灵活现的手势（如牛角、羊角等）、操作性动作（如吃饭、喝水、打篮球、弹钢琴等），乃至一些身体姿势或动作（如冷、哆嗦、跑、懒、休息等），何以能够与任意性的语言符号相提并论，进而产生疑惑：手语的语言地位从何而来？手语是语言吗？中国手语是一种独立于汉语的自然语言，有其完整的"语音"、词汇、语法系统，能够像世界上所有的自然语言那样精确地表情达意，而不是仅由一些哑剧式比划混合而成、仅能简单表意，或者只是汉语的一个附属物，亦即人为地创造出一个一个的手势去简单生硬地表示汉语中一个一个的词？虽然手语的语言地位问题自国内有手语研究以来一直存而不论，但这也是中国手语研究得以进行并不断向前发展与推进的一个自然前提，然而，中国手语的语言地位问题在整个国内语言学界中却始终是个挥之不去的问题，部分学者更是一直对此心存疑虑，这主要是因为手语在词（及语素）的层面存在一定程度的象似性，这确实有违经典的普通语言学理论。

3. 中国手语"造词法"与"构词法"之异同目前还无人注意

造词法与构词法是两个概念、两个研究领域，汉语构词法研究可谓汗牛充栋，而汉语"造词法"研究则相对薄弱。中国手语中同样存在造词法与构词法的问题，只是相对于汉语相关研究来说，中国手语构词法研究尚处于起步阶段，而"造词法"研究则根本无人谈起，至于中国手语造词法与构词法之间的异同比较则更是一片空白。

下面我们先简单梳理一下汉语"造词法"问题研究及其与汉语"构词法"问题异同比较研究的历史与现状。

（1）汉语"造词法"及其与"构词法"之异同比较研究概述

廖庶谦（1946）首次提出"造词方法"的术语，并对其作了简单分析（廖庶谦，1946：71—72）。赵元任（1948）对汉语造词法作了界定，并对其类型进行了探讨，指出汉语造词法可分为字的重叠变读、附加成分、复合词等（赵元任，1948，1952：22—25）。①

关于造词法的名称问题，徐通锵（1997）将造词法称为"构辞法"（徐通锵，1997：362—364）。李如龙（2002）认为，只要是从词汇学角度去理解并区别于语法学所研究的"构词法"，那么"造词法"怎么称述都是可以的（李如龙，2002：68—76）。

关于造词及造词法的本质问题，葛本仪（1995）将"造词"界定为给事物命名的行为，将"造词法"界定为给事物命名时所采取的方法，亦即创制新词的方法（1995）。

关于汉语造词法与构词法之间的区别与联系，主要有以下研究。

---

① 赵元任1948年撰写的《国语入门》中的语法部分，1952年经李荣编译，以《北京口语语法》书名出版。

孙常叙（1956）对汉语造词方法和造词结构作了较为详尽的分析，指出两者的不同之处。他认为，构词法是指由语素构成词的法则，是对既成词的结构作语法分析，说明词内部结构中语素的组合方式。而造词法则是指新词形成的方法，它对造成一个词所使用的语言材料和手段作分析，说明词形成的原因或理据。造词法是纵向的、动态的研究，属于历时语言学范畴（孙常叙，1956）。

任学良（1981）既指出了造词法和构词法的区别，又对传统的构词法进行了批评，认为造词法应该统率构词法（任学良，1981）。刘叔新（2005）认为构词法和造词法虽有一定关联，但分别属于不同平面、不同角度（刘叔新，2005）。

陈光磊（1994）指出，构词法是对既成词的结构作语法分析，而造词法说明词形成的原因和理据（陈光磊，1994）。葛本仪先生（2006）进一步指出，"构词"和"造词"表示着两个既有联系又有区别的含义完全不同的概念。"造词"的意义重在"制造"，"构词"的意义重在"结构"；"造词"是就词的创造来说，构词是就词的结构规律来说的（葛本仪，2006）。徐正考、林松（2019）也认为，构词法是对既成词汇的分析，而造词法则是对新词的形成的研究，因而两者有着较大的区别（徐正考、林松，2019：175）。

李薇（1016）认为，构词法和造词法是两个概念。"构词"是指词的内部结构方法。构词法分析是对词的内部结构方式进行描写、分类，其核心是分析词的构成成分的意义、作用和其间的关系；"造词"是指创造新词的方法。造词法分析是对词的创造方法进行分析，其核心是分析用哪些材料或方法创造出新词。构词法侧重在一个词构成的要素间的结构关系及意义关系；而造词法侧重在用什么材料、什么方法造出新词。造词法与构词法之间存在既对立又统一的关系。构词法与造词法之间是有联系的（李薇，2016）。

安妮（2016）指出，汉语构词法研究历来为学界所重视，而造词法研究则相对薄弱。汉语造词法是个层级系统，主要有原生造词法和再生造词法两个大类，其中原生造词法包含任意法和摹声法两类，再生造词法包含语音再生法、语义再生法、语法再生法、缩略再生法和综合再生法五类。造词法重视语词生成的理据学角度，构词法重视语词生成的语法学因素。

安妮（2016）指出，对造词法和构词法的相关研究大体分为以下三种情况：

第一种情况，是只谈构词法，不谈造词法（北京大学中文系现代汉语教研室主编，2004：195—201；黄伯荣、廖序东主编，2011：211—216；沈阳、郭锐主编，2014：131—140；许汉威，2008：40—57）。

第二种情况，是将造词法和构词法混在一起研究（武占坤、王勤，1983：80—99）。

第三种情况，是将造词法和构词法分开来研究（葛本仪，2001：61—97；彭泽润、李葆嘉，2009：295—302；安华林，2015：141—144）。

武占坤、王勤把现代汉语的构词方法分为四种类型：形态构词、语音构词、语义构词和句法构词（武占坤、王勤，1983：80—99）。[①]

《辞海·语言学分册》把汉语的造词法分为五种类型：词法学造词法、句法学造词法、修辞学造词法、语音学造词法以及综合以上两种或多种方式造词（《辞海》编辑委员会，1987，37）。

葛本仪将汉语的造词法归纳为八种类型：音义任意结合法、摹声法、音变法、说明法、比拟法、引申法、双音法和简缩法（葛本仪，2001：61—87）。

---

① 其实武占坤、王勤讲的主要是造词方法，而不是构词法则。

彭泽润、李葆嘉将造词法分为原生法和再生法两大类，再生法又分成形式再生和内容再生（引申造词法）两种，其中，形式再生分成复合再生和缩略再生（彭泽润、李葆嘉，2009：295—299）。

安华林也将造词法分为原生造词法和再生造词法两大类，原生造词法下分任意法和摹声法，再生造词法下分语音再生法、语义再生法、语法再生法和缩略再生法（安华林，2015：141—144）。

综上可见，对汉语造词法的研究虽然还比较零散，尚未形成完整的体系，但是，关于汉语造词法的研究，已经引起学界的较多关注，对汉语造词法的认识，也经历了一个与构词法混淆，到逐渐分开，再到较为明确的区分的过程。

（2）中国手语"造词法"及其与"构词法"之异同比较研究尚属空白

和汉语词汇研究一样，中国手语词汇研究中同样存在"造词法"与"构词法"问题，这实际上是两个问题，属于两个不同的研究领域，当然两者之间也有一些交叉重叠之处。与汉语造词法和构词法研究不同的是，中国手语"构词法"研究尚处于照搬套用阶段，而中国手语"造词法"研究则完全是一片空白，无人注意；相应地，中国手语造词法与构词法之间的异同比较问题自然也就成了一个完全空白的领域。

与汉语造词法、构词法相类比，本书中中国手语手势构造问题的研究主要属于"造词法"方面的研究，而非单纯的"构词法"研究。但是本书不采用手语"造词法"这一名称，而是采用"手势构造"（"构造类型""构造特点""构造方式"等）说法，因为我们认为"造词法"这个名称容易引起误解，会让人误以为它仅是造成新词（或原始造词时）的方法，或者误以为语言中的词是由某个（或某些）精英所创造出来的。而实际上所谓"造词法"是人们根据语言中词的各种构造类型及其构造特点，加以分析归纳出来的，亦即根据"造词"的结果——按照"造词法"所造出来的各种类型的词（词的各种构造类型），通过溯源而反推出的"造词"的方法。而"构造"一词则可统摄手语中手势"构造"的现状与起源：手势构造的现状即造词的结果，手势构造的起源即造词的方法、来源等。

（二）中国手语词汇变异研究中存在的主要问题

1. 对中国手语词各种构造类型的具体变异情况没有研究

陈雅清（2019）对中国手语词汇数据库中的 1428 个词在中国大陆各代表城市的异同情况进行了统计，并根据统计结果推断出了中国手语南北两大方言及其大致分布区域的结论。统计异同需要标注各词的差异点（即词汇变体），标注词汇变体时对中国手语构词类型的差异，陈雅清参照了约翰斯顿（Johnston）和斯肯布里（Schembri）（2007）对澳大利亚手语构词法的描写与分类。他们将澳大利亚手语中的主要构词过程分为五类：词义扩展（lexical extension）、重叠式（reduplication）、附加式（affixation）、复合式（compounding）和数字嵌套（numeral incorporation）（陈雅清，2019：83），但是，并未对中国手语本身的构词类型进行研究，更未涉及中国手语的手势构造问题，因此，在对语料库中词的差异（同一个词不同的词汇变体）进行标注时，对这 1428 个中国手语常用词的构造类型未作任何区分，因此，统计结果是把这 1428 个词作为一个大的统一的板块统计在一起的，其内部仅区分了语义类别，而没有中国手语常用词中各种具体构造类型的统计结果，因此，对各种具体构造类型在中国大陆各代表城市中的异同情况并没有掌握，事实上，中国手语词不同构造类型的变异性和稳定性是不一样的，其中有些类别在变异性和稳定性方面甚至大相径庭，[①] 因此，直接把语料库

---

① 当然手语词的变异性不仅与其构造类型有关，可能还涉及词的语义类别及学科领域、使用范围等。

中所有的常用词放在一起进行统计，或者仅考虑其语义类别或学科领域而不考虑其构造类型，这样得出来的统计结果不能不说是有所缺憾的，因为对不同构造类型的具体变异情况无从知晓。

2. 据以判定词汇变体的标准未予明确界定

陈雅清（2019）认为，判定中国各代表城市常用词汇差异的主要依据是"区别性特征"，她将区别性特征记为"一级差异"，即"表达同一概念的不同手势形式"。"与此相对的，是手势的音系变体，这一类差异现象不具有区别性特征。有些音系变体或有语素意义上的联系，或在不同城市间呈现地理上的分布特征，划为二级差异，有些音系变体各形式间的转换非常随意，不受特定因素的制约，记为三级差异。最后，语音变体和由语体、个人风格、发音习惯等外部因素造成的差异也记为三级差异。以一级差异（即不同手势形式）做出的异同归属结果是后期进行全国常用手势分区研究工作的主要依据。二、三级差异不作为判断手势异同的依据，本次研究并未对其进行详细的描写分析，但它们是日后研究手语词汇的历史演化和地理扩散以及手语方言词汇次分区的重要参考信息。"（陈雅清，2019：89）

陈雅清决定不采用"变体"（即"词汇变体"）这一术语，而将其称为"表达同一概念的不同手势形式"（陈雅清，2019：91）。因此，她所说的"一级差异"，实际上指的就是表达同一概念而又具有"区别性特征"的不同手势形式之间的差异，亦即学界通常所说的词汇变体。

陈雅清对其如何操作语料库中常用词一级差异、二级差异和三级差异的辨识与标注作了举例说明，也提到了她在实际判定中国手语常用词一级差异时对芬伦（Fenlon）等在创建英国手语词汇数据库时对手势词汇变体判定标准是有所借鉴的（陈雅清，2019：89—100），但是却始终未对其据以判定一级差异的"区别性特征"作出明确的界定。普通语言学理论中的"区别性特征"通常要与不同的意义相联系才能归纳出来，而中国手语中的词汇变体，亦即陈雅清所说的"表达同一概念的不同手势形式"，其意义是完全相同的，所不同的只是形式，那么这种与意义相脱离、完全属于形式上的，同时又可以拿来区分手语中不同词汇变体的"区别性特征"究竟为何物，我们至今不得而知。

另外，对中国手语词汇构成的具体状况，各种不同的构造类型在中国手语词汇系统中的分布情况以及中国手语词汇所受汉语影响究竟达到了何种程度，则尚属空白领域。

三 本书的研究目标

本书拟通过对中国手语纯手语词中单手势词构造类型与构造特点的深入研究，以期彻底了解中国手语的手势构造问题，包括手势的构造材料、意义的构建方式、"音"义之间的关系、手势的象似性与规约性，以及词（及语素）层面上的象似性对中国手语手势构造类型的影响及其影响的程度、手语中不同的手势构造类型与有声语言中的语素或词有何异同、两者之间为何不能一一对应等长期以来为学界所忽视而不甚了了的问题，从而跳出在中国手语构词研究中对有声语言构词法理论生搬硬套的怪圈，并摆脱对国外学者在手语构词分类方法上的亦步亦趋。

同时，本书拟通过对中国手语单手势词和多手势词各种构造类型（包括汉语借词）在中国手语常用词中的数量、占比与分布情况，以及中国手语几种不同语义类别（或学科领域）常用词中各种构造类型变异情况的统计、分析与研究，以期深入了解中国手语常用词的词汇构成面貌及其变异程度，以及各种构造类型的具体变异情况，其稳定性与变异性的不同程度和导致其不同程度稳定性与变异性发生的可能原因。另外，还有中国手语常用词所受汉语影响的程度与方式。

四　本书的研究意义

本书对中国手语手势构造的深入研究，可以推进中国手语构词法的研究，也可以为其他国家手语构词法研究提供重要的参考。同时，可以让我们正确认识手语在词（及语素）层面的象似性，以及手语和有声语言在词（及语素）层面的共性与差异性，从而补充和修正有声语言构词法理论的不足，对中国手语与汉语之间的对译、中国手语的机器翻译等更是具有非同寻常的意义。

本书对中国手语常用词词汇构成、变异性及其所受汉语影响的研究，对于我国聋人语言政策的制定与完善以及中国手语通用手势的最终确立，均具有重要的启示意义和参考价值，也有助于为聋人、聋教育者和相关社会工作者提供更为准确的中国手语语言资源与信息，以及更为坚实的中国手语语言学理论基础。

另外，本书的研究对我国聋儿教育、中国手语的习得研究、语言与认知等领域也有着重要的参考价值，为这些相关领域提供中国手语的本体研究成果。

五　本书的研究对象

本书的研究范围是中国手语常用词的常见变体和次常见变体，[①] 研究对象为中国手语的手势构造，以及中国手语常用词常见变体的构造类型、词汇构成与变异情况及其所受汉语影响的程度与方式。所要研究的具体问题如下。

（1）中国手语的手势构造与词汇变体，手势构造即单手势词的构造类型与构造特点，词汇变体即中国手语中同一个词的不同

---

① 中国手语词的常见变体及次常见变体不一定都是北京变体或上海变体。

构造方式（或曰一组异形同义词）。

（2）中国手语常用词的词汇构成，亦即中国手语词（包括单手势词和多手势词）各种构造类型在中国手语常用词中的数量、占比与分布情况。

（3）中国手语常用词的变异性，亦即中国手语几种不同语义类别（或学科领域）常用词中各种构造类型的变异情况，其稳定性与变异性的不同程度以及导致其不同程度稳定性与变异性发生的可能原因。

（4）中国手语常用词所受汉语影响的程度与方式，亦即中国手语几种不同语义类别（或学科领域）常用词中汉语借词的数量、占比与分布情况，以及汉语借词的类别尤其是主要类别。

六 本书的语料来源及研究方法

（一）语料来源

本书的研究依托复旦大学中国手语语料库中的词汇数据库。[①] 本书开始研究之际，恰逢复旦大学中国手语语料库中的词汇数据库在全国范围内大规模的语料采集工作全部完成、语料库初步建成之时，在复旦大学手语研究团队的授权之下，本书的研究利用了该词汇数据库的全部视频语料，避免了重复而无必要的语料采集工作，从而得以直接在大量中国手语真实词汇语料的基础之上专心致力于本书的研究。在此特郑重感谢复旦大学手语研究团队为本书的研究提供中国手语词汇数据库的全部原始视频语料！

该数据库的视频语料采集于中国大陆 30 个代表城市（除西藏拉萨以外的各省省会、直辖市等），总共 58 位被调查人。数据库

[①] 复旦大学中国手语语料库依托国家社科重大项目"基于汉语和部分少数民族语言的手语语料库建设研究"，首席专家：龚群虎教授。

中存有58份完整语料（除广州、呼和浩特两个城市各只有一位被调查人之外，其他各城市均有两位被调查人）。本书中国手语词的"常见变体"指的是在数据库中出现频率最高的变体，[①] 次常见变体的出现频率次之，罕见变体指的是在语料库中出现次数少于5次的变体，三种变体均不限于一个。

复旦大学中国手语语料库中的词汇数据库是国家社会科学基金重大项目——中国手语语料库建设的子课题之一，在全国范围内进行了大规模的语料采集与调研，对1428个中国手语常用词的各地手势打法进行了信息标注，从而建成了一个汇集中国主要城市聋人自然手语常用词词汇的语料库。

该词汇语料库中被调查人所具备的条件是：本地聋人，在7岁以前即接触和使用中国手语，长期居住在拍摄城市（10年以上），以手语为第一语言，精通本地聋人的习惯手语，能代表本地的手语方言；同时具有一定的文化水平，有较好的沟通能力、手语表达能力，以及在手语和汉语之间相互转换的能力。

（二）研究方法

本书所要研究的主要问题为中国手语的手势构造，以及中国手语常用词常见变体的构造类型、词汇构成与变异情况及其所受汉语影响的程度与方式。针对不同的问题，采取不同的研究方法，具体如下。

1. 结合具体丰富的真实语料，采取比对、分析的方法来研究手势构造

对中国手语的手势构造问题（即单手势词的构造），从中国手语本身的特点出发，打破学术成见，回到语料本身，通过比对、

[①] 语料库中的高频"常见"变体与实际交际中的高频"常用"变体以及在地域上分布最广的变体，这三个概念严格来讲是不同的，语料库的常见变体通常就是在地域上分布最广的变体，但其是否为"常用"变体则是因地而异的。

分析大量的中国手语常用词原始视频语料,从手势构造的形式材料、手势意义的构建方式等方面去探究手势的"音"义关系,即"音"和义之间除了规约性之外是否还有其他联系,如果有,那又是一种怎样的联系,比如是形仿,还是动仿,抑或是某种微妙的隐喻,由此可知,象似性在词(及语素)的层面上是如何影响中国手语的手势构造类型的:形仿与动仿手势(前者描摹事物外形,后者模拟人的动作)显然是中国手语中的象似性符号,这种属于词(及语素)层面上的象似性符号在有声语言中并非完全没有(拟声词即是),但是其数量相对而言非常之少;而中国手语中的象似性手势则是司空见惯之物,在常用词中占了相当比重,在动作类常用词中更是占据了半壁江山,其他手语的情况想来也不会有太大的差别,这也正是世界上不同手语之间具有一定程度的共通性的原因所在,而这在有声语言中简直是不可思议的。

在任意性成为普通语言学中一条"铁律"的语言学界,手语中大量的象似性符号常无形中被视作手语"低级"和"幼稚"的表现,手语研究者虽然不得不承认手语的象似性,但是对其在手语中尤其是在手语手势构造及构词中的重要性往往不太敢正视,也正因为如此,德马泰托(DeMatteo)对手语类标记谓语(并非全无道理)的"视觉形象"分析,[①] 在学界始终处于不受欢迎的少数派地位[里德尔(Liddell),2003a:202]。

所谓"远取诸物,近取诸身",可以说是手语中手势构建所遵循的原则之一。形仿即"远取诸物",动仿即"近取诸身",而规约性手势中那些具有理据性的小类,尤其是空间量类(用手势对空间量及其增减变化的一种比划),也遵循"近取诸身"的原则。

[①] 德马泰托(DeMatteo)"视觉形象"分析,认为类标记谓语中不存在语素,只有视觉形象和推理。

2. 采取定量与定性相结合的方法统计、分析和研究词汇构成及变异性

对中国手语常用词的词汇构成、各类手势的分布状况及常用词的变异性问题，以及中国手语常用词所受汉语影响的问题，则采取定量和定性相结合的方法，分步骤进行研究，辨识语料库中常用词的常见变体，分析其构造类型，并统计各种构造类型的数量与占比，进而再研究常用词的词汇构成、变异性及所受到的汉语影响。

第一步，根据同一个词的不同形式之间是否具有"显著差异度"，在语料库中辨识出中国手语常用词的词汇变体，并根据词汇变体出现的频率，辨识出每一个词的常见变体（变体 0），同一个词的 58 份视频语料——看完，其中出现频率最高的变体（常见变体）和出现频率极低（低于 5 次）的变体，是很容易辨认出来的，同一个词 58 个手语视频全部看完之后就会心中有数，记下该词的常见变体即可。因为本书所有统计数据均只针对常见变体（变体 0），不统计常见变体之外的次常见变体和罕见变体，因此，无须在语料中标注各种不同的变体，只需记下每个词的常见变体及其形式即可。同时，根据是否有无次常见变体，将该词归入"基本无变异词"或"有变异词"："基本无变异词"指的是只有一个常见变体、无次常见变体（但不排除罕见变体）的词；"有变异词"指的是除了常见变体之外，还有次常见变体，或者不止一个常见变体（也可能还有罕见变体）的词。

第二步，根据本书对中国手语手势构造问题的深入研究所得出的成果和结论以及中国手语词各种构造类型的特点，对所辨识出来的中国手语常用词常见变体（变体 0）的构造类型进行分析和归类，并统计其中各种构造类型的数量与占比，研究其在中国手语几个不同语义类常用词基本无变异词和有变异词中的分布状况，描写中国手语常用词的词汇构成面貌，研究中国手语常用词的变异性及其所受汉语影响的程度与主要方式。

七 本书的研究内容

本书的研究内容以研究报告的形式展现，本研究报告共分为七章，第一章为引言，第七章为研究结论，第二章至第五章为本书的主体部分，具体如下。

第一章为引言。内容包括国内外相关研究综述、中国手语构词与词汇变异研究中存在的主要问题，以及本书的研究目标、研究意义、研究对象、语料来源及研究方法，还有本书的研究内容概述等。

第二章为中国手语手势构造与词汇变体研究。手势构造即单手势词的构造类型与构造特点，主要研究其中的规约性手势和象似性手势以及两者内部各自的次类。词汇变体主要研究中国手语中词汇变体的辨认标准：显著差异度，词汇变体与语法变体的区别，以及词汇变体的差异与差异度（差异的等级）问题。

第三章为中国手语性状类常用词构造类型分布及变异性研究。统计、分析和研究各种构造类型在中国手语性状类常用词常见变体（变体0）中的数量、占比与分布，描写和研究中国手语性状类常用词的词汇构成及变异性，指出其所受汉语影响的程度及主要方式。

第四章为中国手语动作类常用词构造类型分布及变异性研究。统计、分析和研究各种构造类型在中国手语动作类常用词常见变体（变体0）中的数量、占比与分布，描写和研究中国手语动作类常用词的词汇构成及变异性，指出其所受汉语影响的程度及主要方式。

第五章为中国手语社会文化类常用词构造类型分布及变异性研究。统计、分析和研究各种构造类型在中国手语社会文化类常用词常见变体（变体0）中的数量、占比与分布，描写和研究中国手语社会文化类常用词的词汇构成及变异性，指出其所受汉语影响的程度及主要方式。

第六章为中国手语常用词构造类型分布的整体考察。包括三方面的内容：（1）对以上三类常用词构造类型及变异性整体情况的总结；（2）对规约性手势、象似性手势和汉语借词在仅一个变体0的中国手语常用单手势词中的数量与占比情况综合总结；（3）对规约性手势和象似性手势在仅一个变体0的纯手语词常用单手势词中的数量与占比情况进行总结，并以此为基础推断中国手语常用词在词和语素层面上的象似性程度。

第七章为结论。包括从第二章到第六章的研究所得出的结论共五个方面。

八　几点说明

（一）关于手语构词法与手势构造

手语构词法与手势构造是两个含义不同而又紧密联系的概念，两者之间既有交叉又各有侧重点。手语构词法指的是手语中语素构成词所遵循的一套规则，而"手势构造"指的是手势，亦即词或语素的构造方式，或者可以把它叫作"造词法"，类似于汉字的"造字法"。传统汉字理论"六书"中的前四种俗称"造字法"，其实指的就是汉字的构造方式（构造类型、构造特点等），但是"造字法"是一个不严谨的叫法，容易让人产生误解，以为汉字是由少数人造出来的，而实际上汉字是约定俗成的。为了方便理解，手语的"手势构造"也可仿照汉字"造字法"的叫法，叫作"造词法"。同理，这也是一个不严谨的叫法，容易让人产生误解，以为手势是由少数精英创造或制定的，而实际情况不是这样，手语也是约定俗成的。

手语中的词包括单手势词和多手势词两种，前者指的是由单个手势所构成的词，后者指的是由两个或两个以上的单手势所构成的词。因此，手语中"词"的构造包括单手势词的构造和多手势词的构造两个方面，而"手势构造"则专指单手势词的构造。研究手语词的构造，单手势词的构造问题是重点，因为单手势词的构造问题解决了，亦即单个手势的构造问题解决了，那么，由两个或两个以上的单手势所组成的多手势词的构造问题也就迎刃而解了。例如，"起床"的一个变体是单手势词，属于规约性手势"普通类"；另一个变体则是汉语借词（仿译词），由"起"+"床"两个单手势组合而成，"起"是动仿手势（仿身体动作），而"床"则是形仿手势（仿"床"形），因此该变体由动仿+形仿组合而成，其所包含的两个单手势成分之间的语法关系则是动宾关系，可称之为"动宾式"。可见，多手势词的构造中是包含"构词"的，因此研究多手势词的构造，除了要分别研究它内部所包含的每个单手势（语素）的构造外，还要研究它的构词，即这些单手势（语素）之间的语法关系。

手语中的单手势词不一定都是单纯词，从构词的角度而言，它内部还有可能包含语素，还有可能再进一步进行分析，甚至可以分析到音位层。大量研究表明，构成手势的五个语音参数本身通常也是有意义的［布伦南（Brennan），1990b；恩伯格-彼得森（Engberg-Pedersen），1993，1996；阿姆斯特朗（Armstrong）、斯多基（Stokoe）和威尔科克斯（Willcox），1995；沃林（Wallin），1996］。约翰斯顿（Johnston，1989）认为，澳大利亚手语中构成手势的要素同时承担了音位和语素的角色，约翰斯顿（Johnston）和斯肯布里（Schembri）（1999）因此提出将手势中的构成要素，即手形、位置、运动、方向及表情体态，称为音位语素（phonomorphemes）（陈雅清，2019：74）。

所以，手语构词法不能只分析到单手势词（单个手势）为止，但是，手语中词的"构造"却只能分析到单手势词（单个手势）为止。另外，手语中"词"的构造包括单手势词的构造和多手势词的构造两个方面，而"手势构造"则专指单手势词的构造。这也就是为什么说构词法与手势构造之间既有交叉而又各有侧重点的缘故。

（二）关于手势的词汇变体与语法变体

手语中的手势（或词），可能会产生词汇变体或语法变体。手语中的词汇变体和语法变体均为词的变化形式，但却是两个完全不同的概念。前者指的是手语中同一个词的不同语法形式，导致语法意义的变化；后者指的是手语中同一个词的不同构造方式，属于词汇变异的范畴。

约翰斯顿（Johnston）和斯肯布里（Schembri）（1999）将手语中手势的不同形式分为原形（citation form）、变体（variant）和手势变形（sign modification）三种。原形即表达某一特定概念的固定形式，在形式上具有一致性和去语境性。变体是词位的变化形式，在本质上只是同一词位的不同发音方式，在意义上并无区别。手势变形指手势在形式上有系统、有规律的变化，这种变化会造成手势的意义差别［约翰斯顿（Johnston）和斯肯布里（Schembri），1999］。芬伦（Fenlon）等（2015）指出手语中的手势变体有语音、音系变体（phonetic and phonological variants）和形态变体（morphological variants）（Fenlon et al., 2015）。

陈雅清指出，约翰斯顿（Johnston）和斯肯布里（Schembri）所说的"变体"（variant）即芬伦（Fenlon）等所说的"语音、音系变体"（phonetic and phonological variants），而约翰斯顿（Johnston）和斯肯布里（Schembri）所说的"手势变形"（sign modification）即芬伦（Fenlon）等所说的"形态变体"（morphological variants）（陈雅清，2019：90）。

第一章 引言

芬伦（Fenlon）等（2015）在创建英国手语词汇数据库时又区分了音系变体（phonological variants）和词汇变体（lexical variants）：如果手势 A 的具体形式 B 和 C 只在一个语音参数（手形、位置、运动或方向）上有差异，且意义相同或相近，则 B 和 C 为手势 A 的音系变体；如果手势 A 的具体形式 B 和 C 在两个或两个以上的语音参数上有差异，且意义相同或相近，则 B 和 C 为 A 的词汇变体（lexical variant）[芬伦等（Fenlon et al.），2015]。

陈雅清（2019）认为："中国各代表城市常用词汇差异的主要依据是区别性特征，记为一级差异，即表达同一概念的不同手势形式。""以一级差异（即不同手势形式）做出的异同归属结果是后期进行全国常用手势分区研究工作的主要依据。"（见陈雅清博士学位论文摘要及正文第 89 页）陈雅清在其研究中决定不采用"变体"这一术语，而将其称为"表达同一概念的不同手势形式"（陈雅清，2019：91）。

陈雅清所讲的表达同一概念而又具有"区别性特征"（即"一级差异"）的不同手势形式，在本质上就是芬伦（Fenlon）等（2015）的"词汇变体"（lexical variants），亦即本书所讲的词汇变体，只是对词汇变体的判定标准有争议。

有声语言的词形变化包括屈折（inflection）和派生（derivation）两类，两者在有声语言中是泾渭分明的，而手语中屈折和派生这两种语法现象的区分一直未有定论，[①] 这个问题广泛存在于多国手语中[如恩伯格-彼得森（Engberg-Pedersen），1993；约翰斯顿（Johnston）和斯肯布里（Schembri），1999；里德尔（Liddell），2003；桑德（Sander）和利洛-马丁（Lillo-Martin），2006；芬伦等（Fenlon et al.），2015]，鉴于手语中屈折和派生这两种情况的不确定性，芬伦（Fenlon）等人（2015）提出，用手

---

① 亦即通常所说的"构形"与"构词"。

势变形（sign modification）和手势构词（sign formation）来替代屈折和派生这两个名称（陈雅清，2019：90）。从目前中国手语的语料来看，我们认为，手语中所谓的"词汇变体"其实无关乎派生（构词），各变体均为原形，相互之间没有派生关系，它们也不是从另一个共同的"原形"派生而来的；更无关乎屈折（或构形），因为各变体之间没有语法意义的差别，因此纯属手语中的一种词汇变异现象。词汇变体实际上是同一个概念的不同表达形式，在本质上是一组异形同义词（如果一个词的词汇变体不止一个的话），将其称为"词汇变体"，是将一组异形同义词看作了同一个词的不同构造类型。①

　　一个词的词汇变体，即同一个词的不同构造方式（不同"发音"形式）；或者毋宁说，是一组异形同义词，我们按照芬伦（Fenlon）等（2015）的分类法将其看作同一个词的不同变体（词汇变体）。② 中国手语词汇变体的分布牵涉不同地域、不同人群乃至不同个体，就目前的材料而言，整体上中国手语词汇变体以地域变体为主，兼及社会变体，也不排除个人因素，如语言使用者个体的好恶、个人的风格、特殊的"发音"习惯等。由于本书是把分布在中国大陆（除西藏之外）如此广阔范围之内的中国手语作为一个整体来研究的，这样的一个语言既有共性又有丰富的变异性，因此本书所谓的中国手语"词汇变体"是从非常宽泛的意义上而言的，如果与汉语类比的话，中国手语中的词汇变体大体上对应于汉语中的等义词（如"蕃茄""西红柿"）、异形同义词（如"觉察""察觉"）和方言词（如"公鸡""鸡公"）三类，而无关乎屈折与派生。

---

　　① 将一组异形同义词看作了同一个词的不同构造类型而称之为该词的词汇变体，这在本书是出于研究的方便。

　　② 当然手语中不一定每个词都有变异，如果一个词只有一种形式，我们也可将其看作只有一个词汇变体。

因语法意义的改变而造成一个词的词形变化，是词的语法变体，即同一个词的不同语法形式，不属于本书所讲的"词汇变体"范围。语法变体，亦即芬伦（Fenlon）等人（2015）用手势变形（sign modification）和手势构词（sign formation）来替代屈折和派生这两个名称时，其所说的因手势变形（sign modification）而形成的变体（陈雅清，2019：90），与本书所讲的词汇变体是完全不同的两码事。

（三）关于中国手语词的常见变体

中国手语中的词，有的基本上无变异，即基本上只有一种形式（一个变体）；有的有变异，即有多种形式（多个变体），但是中国手语中有变异的词，大多只有一个常见变体，其余多为次常见变体及罕见变体，只有少量词有两个或两个以上的常见变体。

本书"常见变体""次常见变体""罕见变体"等均为基于中国手语词汇数据库的相对概念，以在语料库中的出现频率为判断标准。此处，中国手语是个整体概念，涵盖中国境内的广大区域，因此，常见变体、次常见变体、罕见变体均是从中国手语整体而言的，一个方言点的常见变体可能是另一个方言点的次常见变体或罕见变体，也有可能压根就不在另一个方言点出现。

一个词在语料中出现频率最高的变体即为该词的常见变体，其次为次常见变体，而罕见变体则是指在语料中的出现次数少于5次[①]的变体。关于常见变体的出现频率本书没有硬性规定，[②] 从语料来看，一个词如果只有一个常见变体，那么其出现频率通常会达到百分之六七十，有时甚至高达80%。常见变体出现频率的高

[①] 罕见变体指的是在语料中的出现次数少于5次的变体，总共58份语料，亦即出现频率低于8%的变体。

[②] 根据语料中词汇变体表现出来的实际情况，本书对常见变体和次常见变体的出现频率均没有硬性规定，只将罕见变体定为少于5次（8%以下）。

低往往受制于该词总变体的数量，总变体越多，常见变体的出现频率往往就会越低，特别是当一个词的常见变体不止一个的时候，两个或两个以上的常见变体出现的频率就会明显降低。但如果仅仅是罕见变体的数量增多，就不太会影响到常见变体的出现频率。

本书主要研究中国手语词的常见变体和次常见变体，尤其是将重点放在常见变体上，在常用词词汇构成、变异性及其所受汉语影响研究中，所有数据统计均只针对中国手语词的常见变体。常见变体就是变体 0，本书为行文方便，正文中通常不标某词的"变体 0"，而直接以某词称之，如"马"；在行文中如有必要（如当与其他变体作比较时），则标为"某 1"，如"马 1"。次常见变体及罕见变体则根据各词的具体情况依次标为"变体 2""变体 3""变体 4"……通常简化为"某 2""某 3""某 4"……如"马 2""马 3"，等等。

另外，还需要说明的是，不同的语法变体出现在不同的语境中，而用汉语词表作中国手语词汇调查时，得到的则通常是（手语）词的原形（因为没有特定的语境），亦即词的无标记形式（这也正是本书的调查目的所在，我们研究词的构造，对象就是中国手语词及其词汇变体的原形、无标记形式），但是，不排除"发音"合作人在"发音"时偶然采取一个有标记的形式，面对这种情况我们在整理材料时就要做出正确的判断，予以剔除，不要把语法变体混进词汇变体里来。例如，予/夺方向动词中的予小类均有"X（给我）"和"X（给他）"两个语法变体。① 予小类的两个语法变体，哪一个是原形（无标记形式）要具体情况具体分析，一个词的哪一个形式是最方便"发音"的，就是这个词的原形，即无标记形式。例如，"退"（"退还"的"退"）的无标记形式

---

① "X（给我）"和"X（给他）"两个语法变体，严格来说，应该标为"X（→Pro1）"和"X（→*Pro1）"，意思分别为"X（→第一人称）"和"X（→非第一人称）"。

是向内的，即"退（给我）"；而"给"的无标记形式则是向外的，即"给（他）"。"退"和"给"这两个词在语料库中除了原形"退（给我）""给（他）"之外，都出现了少量的语法变体，分别为："退（给他）""给（我）"。但是，我们应该明确两者的词汇变体都只有一个，属于"无变异的词"。

（四）关于手语"语音"四要素中的"运动"与"位置"

1. 关于"运动"

通常认为，手形、位置、运动和方向为手语"语音"四要素。[①] 显然，这是与有声语言的语音四要素（音质、音高、音强和音长）相类比而提出来的。下面我们对手语"语音"四要素中的"运动"与"位置"来重新梳理一下。

这里首先需要明确的是，手语"语音"四要素指的是一个手势在它自身存续期间所表现出来的手形、位置、运动和方向等四个方面的特点，亦即某一手势从手势形成之后到手势解体之前这一时段，而不是指手势形成之前和手势解体之后的手形、位置、运动和方向。

其次，需要指出的是，从中国手语的实际情况来看，我们发现，手语"语音"四要素与有声语言的语音四要素有些不同之处，其中最大的差异为：有声语言的语音四要素在发音上是齐备的，任何一个音只要发出来都会同时具备音质、音高、音强和音长四个要素，虽然不一定每个要素的改变都会带来语义的改变；而手语的"语音"四要素在"发音"上却不一定是齐备的，其中的"运动"要素就并非每个手势都具备，而一个手势的存续时间倒是个必备因素，手语中一个手势的存续时间（手势形成之后、手势解体之前的过程）实际上相当于有声语言语音四要素中的"音长"。

---

① 也有把表情体态加进来算作手语"语音"五要素的。

中国手语中的静态身体姿势手势在"发音"上就没有"运动"因素的参与。静态形仿手势中也有一部分在"发音"上缺失"运动"因素。

静态身体姿势手势，例如"对不起（变体 O_A）",① 它属于中国手语中的象似性手势（动仿、身体类），手势为：右手举起，手掌置于头部一侧作道歉的身体姿势。该手势在其自身存续期间（从手势形成到手势解体为止）呈静态身体姿势，不包含"运动"因素。

静态形仿手势，例如"牛"，手势为：单手或双手"Y"手形置于脑袋一侧或两侧，模拟牛角（一个牛角或两个牛角），该手势在其自身存续期间（从手势形成到手势解体为止）并不存在四要素之一的"运动"。另外，静态形仿手势如"羊""鹿""房子""碗""盘子"等也是同样的情形，这些手势在其自身存续期间均不包含"运动"因素。

因此，从"语音"的角度来说，根据手势在"发音"上是否包含"运动"因素，可以将中国手语中的手势分为运动型手势和非运动型手势两种类型。前者指的是在"发音"上包含"运动"因素的手势，亦即在手势存续期间（从手势形成到手势解体）"发音"上呈现出某种动态的手势，如"树""梳子""铲子""剪刀""炒菜""炒股"等；后者则是指在"发音"上不包含"运动"因素的手势，亦即在手势存续期间（从手势形成到手势解体）"发音"上呈现出某种静态的手势，如上述的"牛""羊""鹿""房子""碗""盘子""对不起"等，还有表示某种身体动作或状态（以及身体动作+后续状态）的"坐""站""跪""蹲""卧""躺"等动词。

---

① 中国手语中的"对不起"有两个变体 O，分属于象似性手势动仿身体类和规约性手势普通类，我们将其分别标为变体 O_A 和变体 O_B。

需要指出的是，运动型手势和非运动型手势仅从"语音"角度而言，两者的区分跟语义没有任何关系，运动型手势不一定含有"动态"义，例如"树""梳子""铲子""剪刀"等运动型手势均为名词，不含"动态"义；与之相反，非运动型手势也不一定没有"动态"义，例如"坐""站""跪""蹲""卧""躺"等表示身体动作或状态（以及身体动作+后续状态）的动词，在某种语境下，表示某个状态形成之前的瞬间动作时，是可以表示"动态"义。

中国手语的静态形仿手势中既有非运动型手势，也有运动型手势。所谓"静态形仿手势"是从手势词的构建角度而言的，指的是中国手语中单手势词的一种构造类型，构造类型的区分综合考虑了"语音"和语义两个方面的特点及其相互关系；而"运动型""非运动型"则是纯粹从"语音"角度而言的，不考虑语义上的特点，更不考虑一个手势的"语音"与其语义之间的关系。

上文谈到的"牛""羊""鹿""房子""碗""盘子"等，即为静态形仿手势中的非运动型手势，亦即在"发音"上不包含"运动"因素的手势。

中国手语静态形仿手势中的运动型手势，指的是在语义上跟运动、动作或动态没有任何关系，无"运动"、"动作"或"动态"义且在手势构建上属于静态形仿，即描摹事物的静态外形，但在"发音"上却包含着"运动"因素的手势，即以手形及其运动轨迹来描摹事物的局部或整体外形，但是，其中的"运动"因素却纯属"语音"方面的，跟语义上的"运动"无关。例如"树""猫""塔""园子"等，均以相应的手形及其运动轨迹来描摹树干、猫的胡子、塔的外形、园子的一周等，手势中虽包含"运动"要素，但却与"运动"义无关，仅以手形运动轨迹来描摹事物的静态外形，因此，从手势构建方面来看属于静态形仿手势。

综上所述，所谓的手语"语音"四要素（"手形、位置、运动、方向")是我们沿用手语学界的传统说法,并不十分准确,真正的手语"语音"四要素其实应为:手形、方向、位置和时长(手势存续时长)。手形、方向、位置和时长这四个要素才是手语中任何一个手势的必备因素,而"运动"只是手语中一个手势的可能特征,并非它的一个必然参数。

2. 关于"位置"

手语"语音"四要素中的"位置",以中国手语的实际情况来看,应该具备两层含义。

"位置"的第一层含义为:"位置"是任何一个手势的必备因素,手语中任何一个手势一旦形成就必然会在手势空间中占据一个位置,这个位置不一定参与手势的意义构建,但却是一个手势得以存在的必要前提;这正如一个手势的存续时间("音长")一样,一个手势一旦形成,就必然会在时间中占据一定的长度,因此从这个意义上来讲,"位置"与手势的存续时间("音长")一样,应为手语的"语音"要素之一。

"位置"的第二层含义为:对于手语中的一部分词而言,"位置"不光是手势得以存在的必要前提(第一层含义),而且还参与手势的意义构建。中国手语形仿手势中的"身体部位+形仿"类和动仿手势中的身体类、"操作+身体"混合类等,"位置"均参与手势的意义构建。

"身体部位+形仿"类,例如"牛""羊""鹿""猫""饱""满""怀孕(变体1)"等;

动仿身体类,例如"对不起(变体0_A)""领导""累""懒""休息""打哈欠"等;

动仿"操作+身体"混合类,例如"吃""喝""吃饭""吃药""吞""吐"等。

另外,某些特殊的句法结构或准句法结构,如构成状中结构(或准状中结构)的类标记结构,"位置"也参与其意义构建,但句法结构或准句法结构不在本书的研究范围之内。

对于中国手语中的大部分词来说,"位置"仅有第一层含义,即"语音"要素之一。手势的"位置"仅仅体现为一个中性的"发音"位置,即打手势者面前的手势空间(亦即一个合适的打手势的区域)中的某个位置,仅仅作为手势能够打出(或得以存在)的一个前提条件,而不参与手势意义的构建。

"位置"的这两层含义,其实体现了两种截然不同的作用。第一层含义,即"位置"作为手语"语音"要素之一的作用;第二层含义,则不仅起到"语音"要素的作用,同时还在手势的意义构建中起作用,即表示某种特定的"位置"义,而这种特定的"位置"义在特定手势的意义构建中是必不可少的。

第二章

中国手语手势构造与词汇变体研究

引言

（一）手语构词与词汇变异研究现状及其中存在的主要问题

手语语言学自 20 世纪 60 年代创立以来（William Stokoe, 1960, 1965, 1978），国外手语学界在构词法及词汇变异方面均有研究，对后者的研究尤多。在手语构词法方面，有学者认为，美国手语中存在大量的复合词，另外，词的比喻义往往会伴随手势运动上的微小改变，表示对基本手势意义的约定性语义附加［爱德华·克利马（Edward S. Klima）和乌苏拉·贝吕吉（Ursula Bellugi），1979］。对手语词汇变异的研究主要有：美国手语［斯多基等（Stokoe et al.），1965］、英国手语［萨顿-斯宾塞（Sutton-Spence）等人，1990；沃特世（Waters），2003；斯坦普（Stamp），2013；斯坦普（Stamp），2014］、印度手语［瓦西什德（Vasishta）等人，1978］、新西兰手语［肯尼迪（Kennedy）等人，1997］、澳大利亚手语［约翰斯顿（Johnston），1998］、中国台湾手语［陈（Chen）和戴（Tai），2009］、德国手语［艾希曼（Eichmann）和罗森斯托克（Rosenstock），2014］。

手语研究在中国大陆于 20 世纪 80 年代开始起步，对中国手语语素及构词类型的研究主要有：傅逸亭和梅次开（1986）首次提出中国手语具有词根和词缀（傅逸亭、梅次开，1986：59—62）。

沈玉林（1999）认为，手语语素即"手语中最小的、有意义的构词单位"，龚群虎（2004）开始了从语言学角度对中国手语各变体的全面调查、描写和研究，且首次把"语素""词缀""单纯词""合成词""复合词""派生词"等语言学概念全面引进对中国手语的构词研究之中。倪兰（2007）对上海手语词的内部语素进行了分析（倪兰，2007：168—279），对598个上海手语单语素动词进行了录像截图（倪兰，2007：202—265），对上海手语动词中的603个"复合手势"进行了语素分析（倪兰，2007：266—279）。刘润楠（2012）则"模仿有声语言提取音位的对比法"，用其所设计的计算机程序提取北京手语中的语素，在911个北京手语常用词中提取出653个手势及33个手势内部语素（刘润楠，2012：42—47）。

对中国手语词汇变异问题的研究主要有：陆一（2012）对上海、苏州、杭州市区及奉贤、闵行、崇明地区的手语词汇变异情况进行了调查研究，并将大城市市区的调查结果与三个非中心市区的调查结果进行了对比。卢一志（1019）用"识别标注词"（ID Gloss）对中国30个代表城市的手语视频语料进行了标注，将其中的单纯手势数据化并对其进行了定量研究。陈雅清（2019）对中国手语词汇语料变体类型进行了标注，采用统计软件对标注好的数据进行聚类分析，发现中国手语常用词中的核心词汇具有高度的一致性。

国内手语学界对中国手语构词与词汇变异问题的研究领域中存在的主要问题是：虽然借用或套用有声语言理论对中国手语合成词（或多手势词）的语素进行了分解和一定程度的分析，对中国手语中的词汇变体及词汇变异的整体情况也作了统计分析，但是，未对中国手语纯手语词中单手势词的手势构造进行深入的研究，对其构造方式、构造类型与构造特点至今还没有明确的认识和了解。对词汇变异问题的研究则聚集在差异上，虽然也承认共性，但是并未对反映中国手语词共性的常见变体进行系统的描写和分析。

多手势词是由两个或两个以上单手势组合而成的，如果单手势词的构造问题没有得到深入的研究，那么多手势词的构造问题就永远只能停留在对有声语言构词法术语（如"语素词""单纯词、合成词"等）的套用上；而如果单手势词的手势构造问题解决了，那么多手势词的手势构造问题就能迎刃而解。

(二) 本章的研究范围和研究对象

本章的研究范围是中国手语词的常见变体和次常见变体，尤其将重点放在常见变体上，不研究罕见变体。研究对象是中国手语词常见变体及次常见变体中的纯手语词（单手势词），[①] 亦即纯手语词中的单手势词。研究重点是单手势词的手势构造，包括构造方式、构造类型与构造特点。

本章利用复旦大学中国手语语料库中的词汇数据库，来研究中国手语词的手势构造。该词汇语料库总共收录1428个中国手语常用词，视频语料采集于中国大陆境内30个代表城市（除西藏拉萨外的各省省会、直辖市等），总共58位被调查人。语料库中存有这1428个常用词的58份完整语料（除广州、呼和浩特两个城市各只有一位被调查人之外，其他各城市均有两位被调查人）。

从语料库显示的整体情况来看，中国手语中的词，有的基本上无变异，即基本上只有一种形式（一个变体）；有的有变异，即有多种形式（多个变体），而这些有变异的词，大多只有一个常见变体，其余均为次常见变体或罕见变体，只有少量词有两个或两个以上的常见变体。这与陈雅清等对该语料库[②]中国手语词汇变异

[①] 中国手语纯手语词指的是在形式上没有汉语借用成分的词。
[②] 即复旦大学中国手语语料库中的词汇数据库。

情况的统计结果一致,陈雅清等的统计结果显示,"中国手语常用词中的核心词汇具有高度的一致性,语言内部的相似程度很高;整体而言,中国手语常用词词汇内部差异不大,而不似汉语各方言内部的巨大差异"(陈雅清,2019;卢一志,2019)。

　　本章所说的常见变体、次常见变体、罕见变体均为基于复旦大学中国手语语料库中的词汇数据库的相对概念,以在语料库中的出现频率为判断标准。此处,中国手语是个整体概念,涵盖中国境内的广大区域,因此,常见变体、次常见变体、罕见变体均是从中国手语整体而言的,一个方言点的常见变体可能是另一个方言点的次常见变体或罕见变体,也有可能压根就不在另一个方言点出现。

　　一个词在语料中出现频率最高的变体即为该词的常见变体,其次为次常见变体,出现频率低于5%的为罕见变体。关于常见变体的出现频率本书没有硬性规定,①从语料来看,一个词如果只有一个常见变体,那么其出现频率通常会达到百分之六七十,有时甚至高达80%。常见变体出现频率的高低往往受制于该词总变体的数量,总变体越多,常见变体的出现频率往往就会越低,特别是当一个词的常见变体不止一个的时候,两个或两个以上的常见变体出现的频率就会明显降低。但如果仅仅是罕见变体的数量增多,那么对常见变体的出现频率影响就不会太大。

　　本书所举例均为中国手语词的常见变体或次常见变体,常见变体通常不标号(如"牙刷"),为了区别或强调时标为"1"(如"兔子1");② 次常见变体则从"2"开始依次标号(如"趴2")。

---

　　① 根据语料中词汇变体表现出来的实际情况,本书对常见变体和次常见变体的出现频率均没有硬性规定,只将罕见变体定为5%以下。

　　② 如有两个或两个以上常见变体,可在"1"后再标"A、B、C……"如"某某1A""某某1b"。

从语料来看，中国手语词的常见变体及次常见变体不一定来自中国的政治中心或经济、文化中心（如北京或上海），不一定是北京变体或上海变体。陈雅清（2019）指出，学界大多认为中国手语可以分为南、北两大方言，北方方言以北京手语为代表，南方方言以上海手语为代表，但此种划分目前并无充分的数据支撑。陈雅清根据自己的统计结果，认为上海是南方手语的中心，但是并未明确指出北京即为北方手语的中心（陈雅清，2019：11、119—129）。

我们在举例图示时选择变体所在城市是随机的，只要符合举例条件（为常见变体或次常见变体）即可。另外，本书将调查对象称为"被调查人"而不是"被试"，因为他们只是语言调查中的"发音"合作人，而非（实验）心理学意义上的测试对象。

一 汉语"造词法"与皮尔斯符号三分法对本书研究思路的启示

（一）汉语"造词法"研究对本书中国手语手势构造研究的启示

造词法与构词法是两个概念、两个研究领域，汉语构词法研究可谓汗牛充栋，而汉语"造词法"研究则相对薄弱，但是自20世纪四五十年代以来，汉语"造词法"问题始终萦绕于汉语词汇研究领域，尤其是近年来，汉语造词法作为一个与构词法明显不同，但又长期与构词法纠缠不清，乃至于被许多学者所忽视的词的构造问题，逐渐吸引了学界更多关注的目光。对汉语造词法的研究虽然还比较零散，尚未形成完整的体系，但是，关于汉语造词法的研究，已引起学界的较多关注，对汉语造词法的认识，也经历了一个与构词法混淆，到逐渐分开，再到较为明确的区分的过程。

现在一般认为,构词法和造词法是两个概念。"构词"是指词的内部结构方法。构词法分析是对词的内部结构方式进行描写、分类,其核心是分析词的构成成分的意义、作用和期间的关系;"造词"是指创造新词的方法。造词法分析是对词的创造方法进行分析,其核心是分析用哪些材料或方法创造出新词。构词法侧重在一个词构成的要素间的结构关系及意义关系;而造词法侧重在用什么材料、什么方法造出新词。造词法与构词法之间存在既对立又统一的关系。构词法与造词法之间是有联系的(孙常叙,1956;任学良,1981;徐通锵,1997;李如龙,2002;刘叔新,2005;陈光磊,1994;葛本仪,2006;徐正考、林松,2019;李薇,2016)。

与汉语词汇研究一样,中国手语词汇研究中同样存在"造词法"问题和"构词法"问题,这是两个问题、两个研究领域,但两者之间也有交叉重叠之处,只是中国手语"构词法"研究尚处于照搬套用阶段,而中国手语"造词法"问题则完全是一片空白,无人注意。

如果与汉语造词法、构词法相类比,那么本书中国手语手势构造问题的研究主要属于"造词法"方面的研究,而非单纯的"构词法"研究。但是,本书不提手语"造词法",而是谈中国手语"手势构造"("构造类型""构造特点""构造方式"等),因为我们认为,"造词法"容易引起误解,让人误以为它仅仅是造成新词(或原始造词时)的方法,或者误以为语言中的词是由某个(或某些)精英所创造出来的。

这正如俗称"造字法"那样容易让人产生类似的误解,因此,学界通常称之为汉字的"形体结构"或"形体构造"。郭锡良等指出:"前人大多认为,六书就是六种造字方法。应该指出,这是不太科学的说法。因为,文字是社会发展到一定历史阶段的产物,是人民群众集体创造的，绝不是某一个人事先订好了条例再着手造字的。六书只是战国以后的人根据汉字的形体结构和使用情况，加以分析归纳出来的……实际上汉字的形体结构只有象形、指事、会意、形声四种。"（郭锡良等，2019：73）

　　同样的道理，语言中的词也绝不是某一个人事先订好了条例再着手造词的。语言是约定俗成的，所谓"造词法"其实只是人们根据语言中词的各种构造类型及其构造特点，加以分析归纳出来的，亦即根据"造词"的结果——按照"造词法"所造出来的各种类型的词（词的各种构造类型），通过溯源而反推出的"造词"的方法。① 因此，所谓"造词法"的研究对象与范围，就不仅仅是研究造成新词（或原始造词时）的方法，而首先应当是研究造词的结果，亦即按照"造词法"所造出来的各种类型的词（词的各种构造类型），通过对词的各种构造类型及其构造方式、构造特点的研究，进一步溯源反推出"造词法"便是水到渠成的事。而词的各种构造类型及其构造方式、构造特点等，实际上就是词的构造。

　　因此，本书没有采用"造词法"这个名称，而是用"词的构造"来表示。这里的"构造"，首先是指构造的现状（结果），即中国手语手势（或词）现有各种构造类型及其构造方式、构造特点等；同时也可指构造的发生（起源、来源等），即"造词法"，亦即造成中国手语手势（或词）现有各种构造类型的途径、方法、来源等。本书中国手语手势构造研究，即单手势词的构造类型、构造方式与构造特点研究。

---

　　① 这正如汉字"造字法"也是人们根据"造字"的结果——各种不同构造类型的汉字：象形字、指事字、会意字、形声字等，通过溯源而反推出汉字的"造字法"：象形、指事、会意、形声等。

(二) 皮尔斯符号三分法对本书中国手语手势分类的启示

自索绪尔指出语言符号的任意性以来，"任意性"问题在以有声语言为对象的普通语言学理论体系和研究传统中一直备受关注，可以说是一个毋庸置疑的语言事实和理论常识。但是，当我们把目光投向手语时，情况却不免令人疑惑，因为手语中存在大量模拟外形或动作的象似性手势，它们并非全是哑剧式比划，而是手语词汇系统的有机组成部分。

皮尔斯从不同角度考察了符号的性质，他对符号有三种"三分法"，其中第二种"三分法"是将符号分为以下三种：象似符（icon）、指示符（index）和规约符（symbol）（皮尔斯、李斯卡；赵星植译，2014：51）。

皮尔斯认为，不仅是原始文字存在大量的象似符，在早期语言中，也存在大量的象似符，只不过后来大部分都被规约符所取代。皮尔斯说："所有的原始文字都存在着……象似符，即表意文字（ideographs），如埃及的象形文字（hieroglyphics）。在语言的最早期形式中，也许存在着大量的模仿成分，但在现有一切已知的语言中，这种再现形式已经被规约的听觉符号所代替。……不过，每种语言的句法中都存在着这种逻辑象似符（logical icons）……（c.1895：CP 2.278—2.280）。"（皮尔斯、李斯卡；赵星植译，2014：54）

我们发现，手语中也存在大量的象似符，手语中也有如皮尔斯所说的象似符、指示符和规约符三种手势。受到皮尔斯符号三分法启示，我们将中国手语中的手势（同时也是单手势词）也分为规约性手势、象似性手势和指示性手势三种类型。从语料库的情况来看，中国手语中有大量的规约性手势、相当一部分象似性手势和少量的指示性手势（指示性手势主要是人称代词和指示代词，以及有些身体部位的名称）。

此处中国手语"手势",同时也是指中国手语纯手语词中的单手势词。中国手语手势的构造研究,即中国手语手势(亦即单手势词)的构造类型及其构造特点研究。由于指示性手势较少(主要是人称代词和指示代词,以及有些身体部位的名称),因此本书只研究中国手语中的规约性手势和象似性手势,不研究指示性手势。

规约性手势指的是中国手语中约定俗成度很高的手势,任意性强,语义透明度低;象似性手势指的是中国手语中模拟事物外形或人的动作因而带有某种象似性的手势,任意性相对较低且具有一定的语义透明度的手势。但是,规约性和象似性这两种性质是相对而言的,在两类手势中的体现主要是程度之别,而不是黑白分明、非此即彼的分界线。事实上,规约性手势中并不排除某种程度的象似性,而象似性手势在中国手语的整个词汇系统中是约定俗成的,不是随意的模仿,只是其规约性或任意性没有那么高,而其理据性则更强一些。

二 规约性手势

根据手势的构造特点,中国手语中的规约性手势可分为以下五种类型:普通类、价值类、隐喻类、空间量类和提示类。这五种类型均为中国手语中高度约定俗成的规约性手势。

第一种"普通类"是普通的规约性手势;第二种"价值类"包含(或融合)聋、听通用的"好""坏"价值判断手形;第三种"隐喻类"在手势构造方式中隐含着某种微妙的隐喻联系;第四种"空间量类"试图模拟抽象的空间量,尽可能地化抽象为具体,即以具体来表抽象;第五种"提示类"则含有提示性的动作符号。

（一）普通类

普通类即中国手语中的普通规约性手势，其内部又可分为两类：（1）含类标记的普通规约性手势；（2）不含类标记的普通规约性手势，例如：（味）淡、自私、颜色、免费、陌生、认识、遇见、到、弱、富、像、有、著名、结束等。

整体而言，普通类的理据性不强。词义的辗转引申必然会导致理据的模糊，而词语的历史发展甚至还有可能造成构词理据的完全湮灭，因此规约性手势中词的理据性是个很难说得清的问题，判断一个手势是否有理据更是难以一刀切，所以本书对于手势的理据性仅做定性分析，不做硬性归类、数量统计及定量分析。

对于那些因词义的辗转引申而导致理据模糊的手势，本书一律将其看作规约性手势普通类，不再对其构词理据进行挖掘分析。如"（味）淡"，有可能是由"薄1"（拇指与中指轻捏，就像捏一张纸那样的动作，即"薄如纸"之义）变化发展而来的（单手改双手，掌心朝上，由嘴部向上运动），由"薄"到"淡"，且与嘴部（味觉）有关。但是，由于（从"薄"到"淡"）词义的引申跨度较大、词形的变化以及身体部位类标记（嘴巴）的参与，导致该词的理据性已经相当模糊，因此对于这类手势词，本书一律将其处理为规约性手势普通类，不再深挖其原始构词理据。

（二）价值类

价值类手势包括两种：一种是纯粹的价值手势，即聋、听通用价值手势，共有两个：好、坏。竖大拇指表示好，伸出小指表示坏；另一种是价值融合手势，即表示"好""坏"价值判断的一对手形（竖大拇指与伸小指），根据具体情况分别被融合进某个特定的手势中而表示某种具有褒贬色彩的特定语义，这类手势虽然可以辨认其中的"好""坏"价值判断手形（大拇指与小指），但是，由于该类手势的融合性和约定俗成性，手势的含义并不容易被（不了解中国手语的人）猜到。例如：脏、新、美、丑、香、清楚、干净、优秀、善良、健康、安全、巧合、熟、赢2、顺利、腐烂、著名2（面子好）、阴、晴、运气好、运气坏等。

（三）隐喻类

隐喻类手势指的是形式与意义之间存在某种隐喻性联系的手势，此处的"隐喻性联系"是就手势建构，即手势的构形与意义之间的关系（亦即形式与意义相结合的角度）而言的，而不是指词义的比喻或引申。也就是说，一个隐喻性手势的"隐喻性联系"是在该手势的形式与意义之间发生的，而不是在该手势的意义1与意义2之间发生的，前者即本书所讲的隐喻性手势，后者则是词义的比喻或引申。

隐喻符号类手势大体上可分为两种，一种是方位隐喻手势，另一种是状态隐喻手势。两类隐喻性手势均就手势的建构特点而言，而非指词义的比喻或引申。

1. 方位隐喻类

方位隐喻类手势指的是中国手语中以空间方位隐喻为基础而形成的手势。例如：开始、继续、轻、重、活、成长等。

方位隐喻在人类语言和概念系统中普遍存在。莱考夫等认为，方位隐喻（orientational metaphors）跟空间方位有关，比如上—下、内—外、前—后、深—浅、中央—外围、上去—下来，等等。这些空间方向来自我们的身体以及它们在物理环境中所发挥的作用。这样的隐喻方向不是任意的，而是以我们的自然及文化经验为基础的（乔治·莱考夫、马克·约翰逊著；何文忠译，2015：14）。

和有声语言一样，中国手语的手势构建方式也存在由空间方位领域向其他领域（如时间、生命、情感）的延伸，即以空间方位喻时间、价值、输赢、状态、态度、生命、情感，等等。换句话来说，就是形式（手势）表示空间方位，而语义则不是表示空间方位，而是向时间、价值、输赢、状态、态度、生命、情感等抽象领域延伸，即用一个表示具体空间方位的手势来表示一个隐喻性的抽象义。需要指出的是，此处所讲中国手语手势构建中的隐喻是发生在形式（手势）和语义之间，而不是发生在单纯语义领域之内的，因此与莱考夫所讨论语义领域中的隐喻有所不同（乔治·莱考夫、马克·约翰逊著；何文忠译，2015：14）。

中国手语规约性手势中，以空间方位喻时间的，例如：久（时间长）、过程、经过、开始、继续、成长、反复、发生、发展、正常等。以空间方位喻价值的，例如：轻、重、便宜、贵重、重要等，贱者轻，贵者重，轻者虚浮，重者下沉。以空间方位喻输赢的，如"超过"。以空间方位喻状态或态度的，例如"反"。以空间方位喻生命与情感的，如"活"，有生命有活力的东西是向上的，也是积极的。

2. 状态隐喻类

状态隐喻类手势指的是用隐喻性手势来暗示某种状态，手势的形式与意义（"状态"义）之间有一种微妙的隐喻性联系，这种隐喻性的形义联系在有的手势中比较明显，在有的手势中比较隐晦，但是都能够意会。

状态隐喻类手势内部又可分为普通状态隐喻类和身心状态隐喻类两种类型，前者身体部位不参与表意，后者身体部位参与表意。

（1）普通状态隐喻类

普通状态隐喻类手势，身体部位不参与表意。例如：快、慢、突然、破、多、暗、亮、加、减、特别、简单、方便、便宜、软等。

前三个手势（"快""慢""突然"）以动作速度或频率喻事

态的缓急。"破"，以双手握拳作断裂状表"破"义。"多"，以单手或双手的颤动表示处于数量众多的状态之中。"暗""亮"分别以天黑（太阳下山）、天亮（太阳出来）喻"暗"与"亮"。"加"以右手握拳粘贴于左手掌心来表"加"义。"减"则以右手从左手掌心内侧向下一划，暗示减去某物的一部分，从而表"减"义。"特别"，以右手食指从左手手掌之下向前、向上突破而出（意为"突出"），表示"特别"义。"简单""方便""便宜"三者的动作力度都是比较轻柔的，结合相应的主、辅手手形和位置，分别表示"简单""方便"及"便宜"义。

最后一个（"软"）是个状态隐喻+指示的混合性手势，以状态隐喻为主，指示为辅，因此，我们把它归入状态隐喻手势。右手捏住左手食指指尖处，而左手食指则作柔软摇动状，表示"软"的状态，右手"捏"的动作起到指示或提示左手食指"柔软"状态的作用。

（2）身心状态隐喻类

身心状态隐喻类手势指的是用手势直接或间接（隐喻或借喻）来表示某种身心状态，身体部位参与表意的。例如：急、醉、糊涂等。

"急"，双手在胸部抓挠，通过表现心里抓狂的样子来表"急"义。"醉"，用辅助性手势（右手食指在额前旋转），配以眼睛发直的表情及脑袋摇晃的动作，来表现天旋地转、要晕倒的样子，从而表"醉"义（从"晕"到"醉"，有借喻关系）。"糊涂"，右手手掌在面前旋转摇晃，表现眼前一团迷雾、一片迷蒙的样子，从而表示"脑子糊涂"。

（四）空间量类

空间量类手势指的是模拟某种相对性的空间量及其变化（有无或增减）的手势，即以手势所造成的相对空间（距离或体积）的对比或变化，来表现某种抽象的空间性对比量（大量、小量）或变化量（增量、减量），如距离、体积等方面的对比或增减变化等。例如：长、短、细、远、宽、窄、高、矮、胖、瘦、深、浅、厚、薄、饱、满、饿、大、成长。前面十八个均表示空间性的对比量（大量、小量），最后一个（"成长"）表示空间性的变化量（增量），同时也是一个以空间喻时间的隐喻性手势（方位隐喻手势）。其中"胖、瘦、饱、满、饿"五个手势中均含有身体部位类标记，有身体部位"脸"或"肚子"参与表意。其他手势则不含身体部位类标记。

一般来说，空间量类手势的手形是抽象的，通常不含类标记，手形一般不表示某类物体，根据我们目前的调查，只有"矮2"中含有"人"类标记。[①] 但是，有些空间量类手势可包含身体部位类标记（特殊类标记），即身体部位参与表意，如"胖、瘦、饱、满"等。

空间量类手势以手势来表现空间量，整个手势的重点在空间量，即由一个手势的各个要素所综合表现出来的空间量是该手势的焦点部分，而空间量的手势表现在很大程度上依赖于由（双手）手形本身的距离或其运动幅度所形成的空间距离或体积，因此（双手）手形本身的距离及其运动幅度成为空间量类手势构造和形成的重要因素。

手语语音各要素在空间量类手势构成中所起的作用是有所区别的：手形（有时甚至是手掌朝向）的作用不及决定空间量大小的运动幅度，而对于身体表位参与表意的手势（如"胖、瘦、饱、满"）来说，位置也很重要。

空间量类手势中有一些是声听通用手势，如"高、矮、宽、窄"等。

---

① "矮1"不包含"人"类标记。

(五) 提示类

提示类手势，即指、摸、摩挲某一身体部位或身体之外的某处，借以提示①与该部位或该处有关的某种意义（性状、物体及其相关物）。例如：黑、红、甜、边、尖、渴、气味、味道、年轻、小、少等。下面分别予以说明。

"黑""红"分别以食指（或食指中指一起）指示头发（"黑"）和嘴唇（"红"）。

"甜"，以食指指嘴巴旁边的脸颊，同时以舌抵此处使之鼓起，仿佛含糖的样子。

"边"，右手在左手或左臂边上划一下，或在左臂上摸一下，借以提示"一边、一侧、旁边"之义。

"尖"，右手五指从左手食指指尖处向外运动并撮拢五指（即虚拟一个"尖"形），意为"指尖"，借以表"尖"义。

"渴"，以手摸或指喉咙处，借以提示此处之"干渴"。

"气味"，拇指与食指相撮动，置于鼻孔处，借以提示"气味"；"味道"则是拇指与食指相撮动，置于嘴巴处予以提示，或再加以直接以食指指嘴巴的动作，表示由嘴巴品尝到的"味道"。

"年轻"，单手摩挲下巴处，表示尚未长出胡子，从而表示"年轻"。②

最后，再讨论一下"小"和"少"，这是两个同形异义词，大拇指蹭蹭小指或食指指尖，该动作具有提示作用，即借以提示"小"或"少"的含义（指尖尤其是小指指尖自然表示"小量"或"少量"），在一个手形（一只手）的内部予以提示，属于特殊的提示类手势。提示性手势大多指向另一个手形的某个位置

---

① 注意此处仅为提示，而非直指，如果是直指，则为指示性手势。
② 有些提示类手势包含借代，即"提示+借代"，如"女人、老、年轻"等。

（另一只手）、某一身体部位或身体之外的某处（或物体）。

有意思的是，中国手语中的"大、小、多、少"分属于不同的构词类型："多"属于隐喻类（状态隐喻类），单手或双手的颤动表示处于数量众多的状态之中；"大"属于空间量类，以双手手形的膨胀来模拟空间大量；而"小（少）"则属于提示类（特殊的提示类）。

三　象似性手势

中国手语象似性手势包括形仿和动仿两个大类。前者在"发音"上模拟事物的外形（有时亦兼动态），在语义上通常表示该事物或相关事物及其动态；后者则模拟人的动作，在语义上表示该动作及相关事物或其他相关义。

（一）形仿手势

形仿手势指的是在"发音"上模拟事物的外形特征，在语义上则相应地表示该事物及其相关事物的手势，通常为名词或动、名同形词。形仿手势以手形及手形运动时所经过的轨迹、所划过的空间范围来模拟离散性事物的局部或整体外形特征，或者非离散性事物的某种同质性特征。

根据模拟角度是静态还是动态，形仿手势又可分为静态形仿手势和动态形仿手势两种类型。静态形仿手势从静态的角度描摹事物（相对）静态的整体轮廓或局部特征（亦即仅模拟事物的外形），如"猪、牛、羊、鹿、狼、狐狸"等；动态形仿手势则从动态的角度模拟事物的外形兼动态（亦即在模拟事物外形的同时还模拟事物的动态），例如：风、雨、雪、雾、闪电、电视、电影、空调、大坝、电风扇、洗衣机等。

傅逸亭、梅次开（1986）曾试图用汉字构字法传统"六书"

理论来研究中国手语词的构造方式,借用"六书"中的一些术语对中国手语中的词进行了一个简单的分类和举例。傅逸亭、梅次开认为,象形式指"用手的动作比划直接模拟事物的形状(部分或全体、静态或动态),体现出事物某些特征来表示某种意思、概念"。例如:"床"(双手手形如床形),静态;"船"(双手手形如船形,并向前移动),动态(傅逸亭、梅次开,1986:28—29)。傅逸亭、梅次开的"象形式"大体上相当于本文所讲之形仿手势,傅逸亭、梅次开的"静态"象形式大体上相当于此处的静态形仿手势,"动态"象形式则大体上相当于此处的动态形仿手势。

从语料来看,形仿手势有三种外形模拟法:A. 实的外形模拟法;B. 虚的外形模拟法;C. 虚、实结合的外形模拟法。分别举例说明如下。

A. 实的外形模拟法,直接以手形(静止或动态的手形)来模拟事物的外形,例如:猪、牛、羊、鹿、乳房、草、钱、绳子、麻花、管道、高楼等。下面以"乳房"为例来说明:外形+身体部位,双手五指微张,仿双乳形状,置于双乳部位。

B. 虚的外形模拟法,有两种:

a. 以手形运动时所经过的轨迹来模拟事物的外形,例如"线(丝2)":双手拇指、食指相捏,两手指尖相对,然后拉开,运动轨迹构成一条线。

b. 以手形运动时所划过的空间范围(即由手形运动轨迹形成的线条或轮廓所构成的空间)来模拟事物的外形,例如:橄榄、叶子2、皮带、棍子、剑(剑的形状,兼含抽剑的动作)、票据、小胡子等。下面以"橄榄"和"叶子2"为例来说明:

橄榄:双手五指微张、指尖相对,然后移开并撮合,仿橄榄形。以双手手形移动轨迹所划定的空间范围构成一个橄榄形。

叶子2:双手拇指、食指微张,两手指尖相对,移开,同时拇指、食指撮合,仿叶子形。以双手手形移动轨迹所划定的空间范围构成一个叶片的形状。

橄榄为椭圆球形，因此，双手五指参与发音（以便构成椭圆球形）；而叶子是薄片形，故仅以拇指、食指相对（以方便划出椭圆片形）。

C. 虚、实结合的外形模拟法，就是既以手形，又以手形运动时所经过的轨迹或所划过的空间范围来模拟事物外形的方法，例如"塔"：以双手手形的交替重叠来表示宝塔层层相叠的形状。

离散性事物指的是个体性分明的事物，亦即个体与个体之间或个体与周围环境之间界限明确的事物，例如，狗、虎、熊、企鹅、蘑菇、月亮、叶子等。非离散性事物指的是个体性不太分明的事物，亦即个体与个体之间或个体与周围环境之间界限不太分明、较为模糊乃至于无所谓个体性的事物，例如，雨、雪、湖、海、潮水、洪水等。但是，离散性事物与非离散性事物之间并无截然界限，两者之间有个相互重叠的过渡区域。

静态形仿手势（表示具体事物时）所表示的多为离散性事物；而动态形仿手势所表示的则既可以是离散性事物，也可以是非离散性事物。

1. 静态形仿手势

静态形仿手势以静止或运动的手形来描摹事物（相对）静态的整体轮廓或局部特征，有时也可模仿抽象的空间形式。需要特别强调的是，此处"静态"指的是手势描摹对象的状态，而非手形或手势本身（形式、"语音"方面）所呈现的状态。从"发音"来讲，静态形仿手势的手形可以是静止的，也可以是运动的，因为静态形仿手势有实、虚和虚实结合三种外形模拟法，而后面两种通常会有手形的运动或变化。

根据模仿对象的不同（是具体事物还是抽象的空间形式），静态形仿手势可分为具体形仿类和抽象形仿类两种类型。

(1) 具体形仿类

具体形仿类所表示的多为离散性事物，可以描摹事物的整体轮廓，也可以描摹事物的局部特征。身体部位可参与表意（包含身体部位类标记），也可不参与表意（不包含身体部位类标记）。在语法上通常为名词，在语义上则通常表示具有该外形特征的事物（本义，如"牛、羊、鹿、狼、狐狸"等），有时也可表示跟本义有关的其他事物（转义，如"中国"）。

A. 描摹事物的整体轮廓

具体形仿类手势可以通过描摹事物的整体轮廓来表示该事物及相关事物，其中有些手势身体部位可参与表意。

a. 整体轮廓

描摹事物的整体轮廓，例如：豆子1、蘑菇、月亮、叶子2、桥、场地（园子）、圆（圆形）、钱（铜钱）等。这类手势身体部位不参与表意，在语义上通常也与身体脏器、身体部位相关特征或附属物等无关。

b. 整体轮廓+身体部位

描摹事物的整体轮廓时，身体部位可参与表意，例如：心、肺、肾、乳房、皱纹、眼镜等，以手形描摹事物的整体轮廓时，均有相应的身体部位参与表意。这类手势身体部位参与表意，在语义上通常表示身体脏器（如"心""肺""肾"）、身体部位相关特征（如"皱纹"）或身体部位相关附属物（如"眼镜"）。

B. 描摹事物的局部特征

具体形仿类手势也可以通过描摹事物的局部特征来表示该事物或相关事物，其中有些手势身体部位可参与表意。

a. 局部特征

描摹事物的局部特征，例如：狗1、虎、熊、企鹅（+非手控左右摇摆的姿势）、树、山、森林、高楼、电视机、塔等。这类手势身体部位不参与表意，在语义上通常也与身体脏器、身体部位相关特征或附属物等无关。

需要指出的是，静态形仿手势所描摹的有些事物的局部特征与其整体特征是一致的，例如：绳子、麻花、线、管道、麻疹1①等。

b. 局部特征+身体部位

描摹事物的局部特征时，身体部位可参与表意，例如：旗袍、兔子1、马1、驴（含指拼）、牛、羊、鹿、狐狸、狼、鸡、鸭、鹅2、鸟、长舌妇（以"长舌"来表示）等。这类手势身体部位参与表意，但是在语义上大多为借代义，部分代整体，即不是直接表示身体脏器或者身体部位相关特征，而是以某种身体部位相关特征来表示相关事物（主要为动物）。例如，"牛、羊、鹿"分别以牛角、羊角、鹿角指代牛、羊、鹿；"鸡、鸭"分别以尖嘴、扁嘴指代鸡和鸭。也有少量不是借代义，而是表示身体部位相关附属物，如"旗袍"。

（2）抽象形仿类

抽象形仿类指的是对抽象的空间形式的模仿，亦即模仿空间形式或形状，也就是用手势模仿某种空间形式（方、圆、球等）或形状（歪、弯、直等），来表示某种抽象的"空间形式或形状"义。该类手势在语义上是抽象的，而在"语音"（手势构形）上则是相对具体的，是可见的空间形式或形状。例如：平、方、圆、球、扁、歪、弯、直等。

以上八例中前面四个"平、方、圆、球"属于中国手语中的（基本）无变异词，即只有一个常见变体，无次常见变体；后面四个"扁、歪、弯、直"则是有变异词，有常见变体也有次常见变体，其常见变体均为抽象形仿类手势。此八例中"方、圆、球"三例为名、形兼类词，其余均为形容词。

---

① 麻疹1（身上、手上或胸部很多点），麻疹2（麻+疹子）。

抽象形仿类所表达的"空间形式或形状"义，不是指某种具体事物的整体外形或其标志性外形特征（如"轿车""轮船""飞机""牛""羊""鹿"等），而是指某种脱离具体事物（从而也就适应于所有具体事物）的相对抽象的空间形式或形状，因此，抽象形仿类手势与具体形仿类手势是很不一样的。

另外，中国手语中的有变异词"横""竖"，除了常见变体之外，各自还都有两个次常见变体。两者的常见变体均为书空（"横""竖"笔画书空，可看作特殊的汉语借词），它们各自的两个次常见变体（变体2和变体3）则均为抽象形仿类。

需要指出的是，模仿空间形式的抽象形仿类是从"音"义（形式与意义）结合的角度而言的，如果单从语义来说，中国手语中的"尖"也是表达抽象"空间形式"义的，但是"尖"在中国手语中却不属于抽象形仿类，而是提示类。"尖"右手五指从左手食指指尖处向外运动并撮拢五指（即虚拟一个"尖"形），这个在食指指尖处虚拟一个"尖"形的动作起提示作用，意为"指尖"→"尖"，即通过"指尖"的"尖"来提示"尖"义。"尖"手势中虽然虚拟了一个"尖"形，但该虚拟"尖"形是依赖于左手食指指尖的，不是独立的空间形式模拟（与"方、圆、球"不同），仅起到提示作用。因此"尖"是提示类，而不是抽象形仿类。

2. 动态形仿手势

与静态形仿手势不同的是，动态形仿手势不是简单地描摹事物的外形，而是模拟事物的外形兼动态，也就是既描摹事物的外形，同时又模拟事物的动态。在语义上可以表示动物、植物、自然现象、病理现象、人造物体或动作过程，等等，这种手势可以是名词，例如：蜻蜓、蝴蝶、柳树等；也可以是动、名同形词，例如：（下）雨、（下）雪、闪电等。

动态形仿手势可以表示个体性分明的离散性事物，也可以表示个体性不明显，甚至缺乏个体性的非离散性事物及现象。对于离散性事物，动态形仿手势可以模拟其整体轮廓兼动态，也可以模拟其局部特征兼动态；对于非离散性事物及现象，则模拟事物或现象的同质性特征兼动态。

（1）表示离散性事物的动态形仿手势

动态形仿手势表示离散性事物时，可以模拟事物的整体轮廓兼动态，也可以模拟事物的局部特征兼动态。

A. 整体轮廓兼动态

动态形仿手势模拟离散性事物的整体轮廓兼动态，例如：兔子1、老鼠、青蛙、鱼1、鱼2、蜻蜓、蝴蝶、花（开花）、菜、柳树1、柳树2、太阳、旗等。下面以"鸳鸯"和"鳖（甲鱼）"为例来说明：

鸳鸯：双手拇指、食指相捏，一前一后同时向前曲线移动，如鸳鸯戏水状。

鳖（甲鱼）：双手平伸，相叠，两手拇指弯动两下，同时双手前移。仿鳖的外形及动态（两手拇指的弯动仿爬行中的鳖足）。

B. 局部特征兼动态

动态形仿手势模拟离散性事物的局部特征兼动态，例如：蛇（舌头）、孔雀（尾巴）、袋鼠、河、湖、手电筒（手电筒头部及其所射出的光线形状兼动态）[1] 等。下面以"袋鼠"为例来说明：

袋鼠：左手五指微曲置于腹前（仿袋鼠妈妈肚子上的育儿袋），右手拇指、中指、无名指相捏，食指、小指伸直（仿小袋鼠的脑袋，两只长耳朵），从左手微曲的掌中伸出来。这个词是模拟局部特征兼动态，同时还含有形状尺寸类标记（SASS）以及身体部位参与表意："囊状物：育儿袋"类标记+身体部位。

（2）表示非离散性事物的动态形仿手势

动态形仿手势表示非离散性事物或现象时，模拟事物或现象

---

[1] 将手电筒的光线表现为动态，这属于化无形为有形，并把有形物表现为动态。

在外形及动态方面的某种特征，该（外形兼动态）特征往往表现为该事物或现象的某种同质性特征，非离散性事物或现象的同质性特征，意味着其局部特征与其整体特征是一致的。例如：瀑布、泉水、海、风、水2、①（下）雨、（下）雪、涨潮、落潮、星星、流星、流星雨、血（出血）2等。

动态形仿手势表示非离散性事物或现象时，在语义上可以指向事物或现象的本身（名词），例如：血、风、雨、雪、雾、冰雹、星星、流星、瀑布、泉水等。

也可以指向事物或现象的过程或动态（动词），例如：涨潮、落潮、出血、刮风、下雨、下雪、起雾、落冰雹等。

有时候动态模拟手势也可以表示某种隐喻性的转义，例如：经济、银行、出版等。下面以"经济"和"出版"为例来说明：

经济（隐喻）：经济（双手〈钱〉类标记一上一下，平行转动两圈），表示货币流通，引申为"经济"。

出版②（隐喻）：左手平伸在下，右手斜伸在上，与左手指尖相抵，对着左手手掌按下去，模拟印刷的动作。借较为具体的"印刷"义来转指较为抽象的"出版"义。

（二）动仿手势

动仿手势即动作模拟手势，亦即在"发音"上模仿人（或动物）的某种身体动作（或姿势、状态），或者模拟主体对客体（工具或对象）的某种操作及该操作所导致的客体位置或其他方面的变化等；在语义上可表示该动作（或姿势、状态）及其相关事物（如工具、对象甚至主体③等），有时还可表示与动作相关的属性，

---

① 水1为提示性符号：提示+身体部位"嘴巴"。可能是用嘴巴里的"口水"来提示"水"，存疑。
② "出版"与"印刷2"词形同。
③ 动仿手势可表示动作的主体（名词），如"男人（捋头发）"。

相应的语法类别分别为动词、名词、形容词。①

动仿手势通常是采用象征性的动作（而非实际的动作）来模拟实际的动作或动态，因此"发音"② 时动作幅度不会太大，也不会显得过于夸张，通常局限在上半身及其前面的手势空间范围之内。例如"篮球"／"打篮球"（见图 2.1）③

图 2.1　篮球（杭州甲）

（双手作投篮状，动仿）

再如"锄头"／"挖"（见图 2.2）

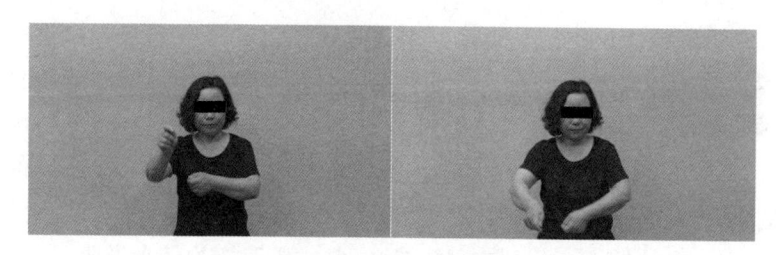

图 2.2　锄头（杭州甲）

（双手握持锄头挖土状，动仿）

---

① 动仿手势可表示与动作相关的属性义（形容词），如"粘（粘手）""寒冷（哆嗦）"等。

② 手语中的"发音"一词是借用基于有声语言的普通语言学术语，实际就是指打手势。

③ 本书所引语料库中视频截图只需符合内容要求，对其来源城市不作要求，因此语料来源城市为任意选取，语料库 30 个城市除广州和呼和浩特之外，均有两位被调查人，分别以"甲""乙"标之。

根据模拟对象和模拟方式的不同，动仿手势可分为身体动作模拟类和操作模拟类两种。

1. 身体动作模拟类

身体动作模拟类指的是通过身体姿势、动作及某些辅助性动作来表示相应的身心状态、感官感觉、心理感受等的手势。身体动作模拟类手势对身体姿势、动作的模拟，可以不局限于手部的活动，而牵涉整个上身，有时甚至可以有脚的参与（如"踢2"）。在"发音"上除了手部动作之外，还可以有包括整个上肢及身体的上半部分（肩膀、脖子、头部等在内）的动作及运动。例如：跑、① 运动、趴2、爬2、踢2、飞2、游泳2、咳嗽、咬、看、眨眼等。

根据模拟方式的不同，身体动作模拟类内部又可分为直接模拟型和间接模拟型两种。

（1）直接模拟型

直接模拟型指的是直接模拟实际或接近实际（通常为接近实际）的身体姿势或动作，来表示该身体姿势或动作，或者与该身体姿势或动作相关的其他语义，例如：飞2、趴2、爬2、游泳2、累、臭、热、痒、冷、强、闲、懒等。直接模拟型所模拟的通常是身体动作中运动幅度大、特征明显、引人注目的动作。

下面以"累、臭、热、痒、冷、强、闲"等为例来说明。

前四个（"累""臭""热""痒"）都是用身体动作来表示相应的身心状态，"累"，右手轻捶左手手臂，这是人累了之后想要放松一下的习惯性动作；"臭"，在鼻子前扇风，自然是因为想把臭味扇走；"热"，额头擦汗的动作表示"热"；"痒"，右手在左手手背、手臂、胸前或者身体的其他部位挠痒痒。

---

① 有意思的是，中国手语中的"跑"（无其他变体）是个象似性手势，而（语义上的）同类动词"走、站、跳、坐、跪、蹲、趴、爬、踢"的变体1均为规约性手势（类标记动词）。

后三个("冷""强""闲")则是通过身体姿势来表示相应的身心状态:"冷",双手抱在胸前,身体颤抖,意思是冷得发抖;"强",单手或双手从手肘处直立握拳并用劲,表示强有力的样子;"闲"("休息"),双手交叉在胸前,表情安闲、正在休息的样子。

需要指出的是,直接模拟型中有些并非严格意义上的手势,而是由(包括手和手臂在内的)整个上半身参与的某种身体姿势,如以上最后四例"冷、强、闲、懒"。

(2)间接模拟型

间接模拟型指的是借助某些辅助性的手势动作来强化相关身体动作,从而表示该身体动作义及其相关语义,例如:醒/睁眼、困、看、瞻仰/向上看、睁大眼睛/奇怪(吃惊)、轻视(小看)、哭/流泪、馋/流口水、吃、咬、香/嗅、吃药、吐痰等。

间接模拟型是对某些运动幅度相对较小、不太引人注目的身体动作(如以上"醒""困"诸例),为了吸引注意、使之能够在交际中发挥应有的作用,而在相应身体部位的近旁配以辅助性的手形运动,以一种虚拟(有时还略带夸张)的方式来加大该身体动作的运动幅度,或补充与之相关的配套动作及相关状态,起到增强动作性、丰富信息量和提高关注度的作用。①

下面以"醒""困"为例来说明。

"醒""困"都是用辅助性动作来表示某种生理状态的。"醒",眼睛从闭到开,同时单手拇指和食指在眼睛旁边从捏住到张开(辅助性动作),强化眼睛从闭合到睁开的动作(如果不予以强化,该动作容易遭到忽略),从而表示"醒来"。"困",眼睛从开到闭,同时单手五指在眼睛旁从张开到并拢(辅助性动作),强

---

① 但是,对于有些不太明显的身体动作特征,有时候不是以添加虚拟动作或特征的方式,而是以提示性动作来标明的,例如"咳嗽",那么这仍然应该看作是直接模拟型,而非间接模拟型。

化闭目的动作,从而表示"困了,想睡觉"。

需要注意的是,"醒"和"吃惊"的手势(辅助性动作)是一样的,但是,表情完全不同,后者要面露惊讶,而前者则表情平静。

2. 操作模拟类

操作模拟类手势模拟的是人手的操作性动作,即在"发音"上模拟人用手对物体(工具、对象)的某种操作性动作,① 亦即模拟人以手持物或直接用手对物体进行抓握、按压、切削、敲击、翻搅、旋转、灌注、抽拉、打开、关上等操作性动作。操作性动作属于手的动作,因此,无论动作本身(或模拟该类动作时)是否以手持物(即是否握持工具或对象),该类动作在语义上均与人手的动作有关。操作模拟类手势,在语义上可表示所模拟之动作及其相关事物如工具、对象乃至动作主体,等等,语法上则分别对应动词和名词。

操作模拟类手势中很多是动名同形词,例如:鼓/打鼓、锣/敲锣、笔/用笔写、锄头/用锄头挖、铲子/用铲子铲、耙子/用耙子耙、锤子/用锤子锤、刀子/用刀子削、筷子/用筷子夹、剪刀/用剪刀剪、杯子/用杯子喝水、水壶/用水壶倒水、钥匙/用钥匙开锁、② 篮球/投篮、笛子/吹笛子、书/打开书、报纸/摊开报纸、抽屉/拉开抽屉、围巾/围上围巾、计算机/使用计算机、钢琴/弹钢琴、风筝 2/放风筝等。

也有只表示动作的(动词),例如:推、拉、扔、摸、抓、抢、偷、乞讨、打铁、工作等。

中国手语对操作行为的模拟有两个不同的视角,一是主体视角;二是主、客体混合视角。前者可称之为主体视点型(操作模

---

① 某些(比较高级的)动物发出的类似动作,可与人的动作相类比,因此操作模拟类手势的动作主体在一定条件下可扩展至某些动物。
② "钥匙"是动仿,"锁"却是形仿(二环连锁形)。

拟类），后者可称之为主、客体混合视点型（操作模拟类）。

（1）主体视点型

主体视角完全从主体（人）的角度去模拟人的动作，即人对客体（工具或对象）的操作，手形有握持和非握持（亦即握持工具和不握持工具）两个大类。手形及手部运动只表示主体握持及操作（工具或对象）的方式，不表示握持物或操作对象的形状。例如：鼓/打鼓、锣/敲锣、笛子/吹笛子、笔/用笔写、锄头/用锄头挖、锤子/用锤子锤、抽屉/拉开抽屉、围巾/围上围巾、计算机/使用计算机、钢琴/弹钢琴等。

主体视点型手势由于只模拟主体以手握持及操作（工具或对象）的方式，不以手形来模拟握持物或操作对象的形状，因此大部分情况下，交际参与者只能借由"发音"人的握持及操作方式，同时调动自己的生活经验去想象握持工具或对象物的形状，没有相关生活经验的人，就是看到"发音"人的手形和动作，也无法想象其所表示的工具或对象的形状。但是，有少数情况，即当操作对象为身体部位时，对象也是以具体可见的形式（"发音"人的身体部位及其附属物）呈现于眼前的，例如"男人/捋头发""梳子/梳头"等，两例中操作对象均为头发，由于身体部位在此具有辅助性表义作用，因此，操作对象均表现为具体可见的形式，即"发音"人的身体部位及附属物（头发）。

根据手形是否模拟握持工具状，主体视点型可分为两类：A. 握持类；B. 非握持类。

A. 握持类

握持类手形模拟握持工具状，例如"笛子/吹笛子""钥匙/用钥匙开锁"等，[①] 两例分别图示如下（见图2.3、图2.4）。

[①] 举例图示时选择城市是随机的，只要符合举例条件（为常见变体或次常见变体）即可。语料库中每个城市通常有两位被调查人，"杭州1"表示杭州的第一位被调查人。

图 2.3 笛子（杭州甲）
（双手握持笛子并吹笛状，动仿）

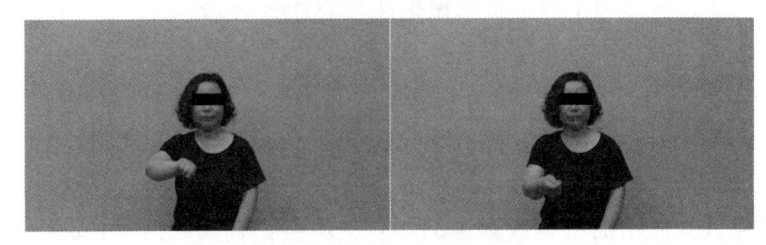

图 2.4 钥匙（杭州甲）
（单手作持钥匙拧锁孔状，动仿）

B. 非握持类

非握持类手形不模拟握持工具状，例如"抽屉/拉开抽屉"，图示如下（见图2.5）。

图 2.5 抽屉（杭州甲）
（双手相同手形，作拉抽屉状，动仿）

第二章　中国手语手势构造与词汇变体研究

(2) 主、客体混合视点型

主、客体混合视角是从主、客体混合的角度去模拟主体（人）对客体（工具或对象）的操作。手的动作表示主体的操作方式，同时手形还能大致地兼表客体（工具或对象）的局部或整体外形特征。例如：门/开门、牙刷/刷牙、耙子/用耙子耙、刀子/用刀子削、镰刀/用镰刀割、筷子/用筷子夹、剪刀/用剪刀剪、水壶/用水壶倒水、书/打开书、报纸/摊开报纸、橡皮擦/用橡皮擦擦拭等。

事实上，操作模拟类所操作的客体（工具或对象）均为诉诸视觉的有形物体（实体），有外形可供模拟、刻画或表现，这是手形可兼表操作工具或对象的原因之一（前提条件）。手形可兼表工具或对象还有一个更为重要的原因，那就是模拟过程中主、客体视角的混合，主体视角使得模拟动作表现出操作行为中主体的手部运动，而客体视角又使得该模拟手形同时可以大致地展现出操作工具或对象（客体）的某些外形特征。主、客体混合视点型实际上就是动仿为主，形仿为辅的"动仿兼形仿"手势。

"报纸/摊开报纸"和"橡皮擦/用橡皮擦擦拭"，两例分别图示如下（见图 2.6、图 2.7、图 2.8）。

图 2.6　报纸（杭州甲）
（双手相同手形，先合拢再摊开，描摹报纸形状及摊开报纸的动作）
动仿兼形仿（动仿为主，形仿为辅）

"报纸/摊开报纸"，模拟动作主体（人）摊开一张报纸时的手部动作（主体视角），同时手形及手形展开过程中所划过的范围就是这张报纸展开时的形状（客体视角），主、客体混合视点型，动仿兼形仿（动仿为主，形仿为辅）。

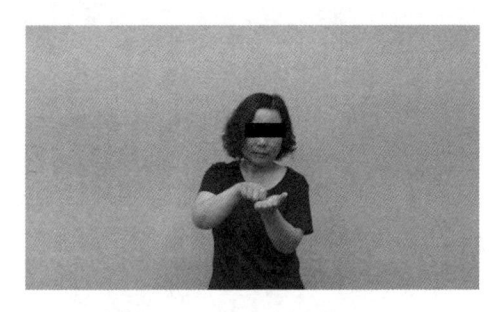

图 2.7　橡皮擦（杭州甲）
（主手食指弯曲成"橡皮擦"形，在辅手掌上作前后擦拭状）
动仿兼形仿（动仿为主，形仿为辅）

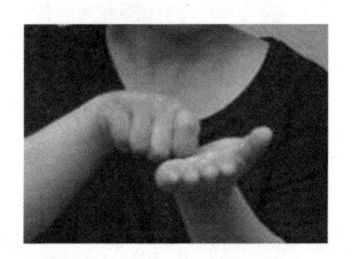

图 2.8　手形放大图：橡皮擦（杭州甲）

"橡皮擦/用橡皮擦擦拭"，模拟动作主体（人）用橡皮擦在纸上前后擦拭的手部动作（主体视角），同时手形（主手食指弯曲成"橡皮擦"形）兼表橡皮擦的外形（客体视角），主、客体混合视点型，动仿兼形仿（动仿为主，形仿为辅）。

值得一提的是，表示同一种动作及其相关事物，且同为操作模拟类的手势，可以有主体视点型和主、客体混合视点型两个变体，如动、名同形词"梳子/梳头""笔/用笔写"等。"梳子/梳头"，变体 1 是主体视点型：手握梳子状，握持性动作；变体 2 则是客体视点型，包含客体类标记〈梳子〉。"笔/用笔写"，变体1是主体视点型：手握笔状，握持性动作；变体2则是客体视点型，包含客体类标记〈笔〉。

另外，同样是农具，"铲子""锄头"是主体视点型：手握铲子状、手握锄头状，均为握持性动作；而"耙子"则是客体视点型，包含客体类标记〈耙子〉。

前面谈到，主体视点型有握持类和非握持类两个大类。而主、客体混合视点型绝大多数为非握持类，极少数为握持类。前引各例均为非握持类；握持类如"刨子/刨、木头"，主、客体混合视点型，模拟主体（人）用刨子刨木头时的手部动作，而手形既握持刨子，又反映出刨子的外形，属于主、客体混合视点型中很少见的握持类。

（3）身体部位或身体动作、姿势参与辅助性表义的情况

大部分操作模拟类手势，除了手部（用手操作工具或对象）之外，其他身体部位（或身体动作、姿势）均不参与手势表义。但是，也有一部分操作模拟类手势，不仅手部表义（"用手操作"义），而且手部之外的其他身体部位（或身体姿势、动作）也参与手势的辅助性表义。

A. 身体部位不参与辅助性表义的操作模拟类

大部分操作模拟类手势，包括主体视点型和主、客体混合视点型，握持类和非握持类，除了手部（用手操作工具或对象）之外，其他身体部位均不参与手势意义的构建，即不以"处所（位置）"义或其他意义共同构建手势意义。

主体视点型握持类，身体部位不参与辅助性表义的，例如"笔""词典""冰箱""抽屉""自行车2"等，说话人的身体部位不参与辅助性表义，词义中不包含某一身体部位作为动作对象、处所或工具的意义。

主体视点型非握持类，身体部位不参与辅助性表义的，例如

"钢琴/弹钢琴""电脑/按电脑键盘"等,说话人的身体部位不参与辅助性表义,词义中不包含某一身体部位作为动作对象、处所或工具的意义。

主、客体混合视点型(绝大多数为非握持类),身体部位不参与辅助性表义的,例如:耙子/耙、刀子1/削、刀子2/砍、门/开门、书/打开书、报纸/摊开报纸等,说话人的身体部位不参与辅助性表义,词义中不包含某一身体部位作为动作对象、处所或工具的意义。

B. 身体部位参与辅助性表义的操作模拟类

身体部位参与辅助性表义,指的是("说话"人)手部之外的某一身体部位(如头部、嘴巴、肩膀、胸部、背部、腰部等)以"处所(位置)"义(或"动作对象"义、"动作主体关键部位"义等)参与到手势意义的构建中。身体部位参与辅助性表义,以"处所(位置)"义为主,"处所(位置)"义即动作发生或进行之处,亦即动作在身体的某个部位处发生或进行。主体视点型和主、客体混合视点型,握持类和非握持类,均有身体部位参与辅助性表义的情况。

主体视点型握持类,身体部位参与辅助性表义的,例如:杯子/用杯子喝水、笛子/吹笛子、衣服/穿衣服、帽子/戴帽子、手套/戴手套、裤子/穿裤子、被子/盖被子等,参与表义的身体部位依次为:嘴巴("杯子")、嘴巴("笛子")、上身("衣服")、头部("帽子")、手("手套")、双腿("裤子")、身体("被子")等。

各例中相应的身体部位均以"处所(位置)"义参与到手势意义的构建中,表示各手势动作发生或进行的处所或位置为身体的某一部位。"杯子/用杯子喝水",嘴巴是"拿起杯子喝水"这一动作发生和进行的处所或位置,也是跟该动作相关的一个关键身体部位("喝水"即"用嘴巴喝水")。"笛子/吹笛子"的情况与此类似（"吹笛子"亦即"用嘴巴吹笛子"）。其余各例中的身体部位均有"处所（位置）"义，可理解为：衣服穿在身上，帽子戴在头上，手套戴在手上，裤子穿在腿上，被子盖在身上。

主体视点型非握持性，身体部位参与辅助性表义的，例如：男人/捋头发、耳环2/穿耳洞、肥皂2/洗手2：搓手背等，参与表义的身体部位分别为：头发（"男人/捋头发"）、耳朵（耳垂）（"耳环2/穿耳洞"）、手（手背）（"肥皂2/洗手2：搓手背"）等。

各例中的身体部位（含其周边位置）既有"动作对象"义，又有"处所（位置）"义。"男人/捋头发"，头发是"捋头发"这一动作的对象，而头发所在的身体部位（额头、头部）同时也是该动作发生的位置。"耳环2/穿耳洞"，耳朵是"穿耳洞"这一动作的对象，也是该动作发生的位置。"肥皂2/洗手2：搓手背"，手背是"搓手背"这一动作的对象，也是该动作发生的位置。

主、客体混合视点型，身体部位参与辅助性表义的，例如：牙刷/刷牙、梳子2/梳头2等，参与表义的身体部位分别为：嘴巴（牙齿）、头部（头发）。

两例均为非握持类（主、客体视点型手势绝大多数为非握持类），两例中的身体部位既有"处所（位置）"义，又有"动作对象"义。"牙刷/刷牙"，嘴巴是"刷牙"的位置，牙齿是"刷"的对象。"梳子2/梳头2"，头部是"梳"的位置，头发是"梳"的对象。

C. 身体动作（或姿势）参与辅助性表义的操作模拟类

中国手语中还有少量操作模拟类手势，身体动作（或姿势）也可参与辅助性表义，即某种身体动作（或姿势）以该"动作（或姿势）"义参与手势的意义构建。例如：镜子/照镜子、看/书、看/报、西瓜/吃西瓜、玉米/吃玉米、甘蔗/吃甘蔗、瓜子/嗑瓜子等。

"镜子/照镜子"（主、客体混合视点型），单手手掌摊开、手指松散并在眼前竖立晃动，表现手持镜子并照镜子的样子，这里有一个特定的身体动作（或姿势）：眼睛要看着眼前的"镜子"，该身体动作（或姿势）以"看（审视、照镜子）"义参与了该手势的意义构建。"看/书""看/报"的情况与此类似，这两例中特定的身体动作（或姿势），即眼睛看着眼前的"书本"或"报纸"，以"看（阅读）"义参与到手势的意义构建中。①

"西瓜/吃西瓜""玉米/吃玉米""甘蔗/吃甘蔗""瓜子/嗑瓜子"等，嘴巴都要做出吃的样子来，均为身体动作（或姿势）参与表义。这几例中的"嘴巴"同时也表示动作发生的位置及主体身上（与该动作相关的）的关键部位，因此，同时还属于身体部位参与辅助性表义的情况。上文中举过的例子"杯子/用杯子喝水"也是这种情况。

需要指出的是，无论是身体部位参与辅助性表义，还是身体姿势或动作参与表义，对于整个手势的意义构建而言，均为辅助性作用而非主要作用。

（三）关于动仿手势的几个专题讨论

1. 动仿手势的整体性

动仿手势具有整体性，即不可分割性。无论是从模拟行为的本身，还是从语言学分析的角度而言，一个动仿手势均不可再进一步切分为更小的单位，也就是说，一个动仿手势就是一个语素，或者一个单语素词（单纯词）。

从模拟行为的本身而言，动仿手势是对动作、行为的方式及

---

① 如果表示对着书"朗读"的"读书"，除了眼睛要看着眼前的"书本"之外，嘴巴还要动一动，象征性地做出朗读的样子。

过程从某个方面（或角度）所进行的一种象似性模拟，模拟过程本身就是一个整体，如果强行将模拟过程中的各个部分拆分开来，或者将模拟场景中的物件抽出来，就会变得不可理解、没有意义，因而也就不成其为对特定动作、行为的象似性模拟。如果与有声语言中的符号相类比的话，一个动仿手势其模拟行为的本身即该手势的"发音"。既然一个模拟行为的本身（在"发音"上）具有整体性，那么相应地从语言学分析的角度（即音义结合的角度）而言，一个动仿手势（的非语境形式①）自然同样也是不能再进一步切分为更小的语言成分（如语素）的。

动仿手势中有身体动作模拟类，也有操作模拟类，而操作模拟类中可以有单手操作一个物体的，有双手操作一个物体的，也有双手分别操作不同物体的。无论是身体动作模拟类，还是操作模拟类；而操作模拟类中无论是单手还是双手，也无论是表示（操作）同一物体还是表示（操作）不同物体，动仿手势均不可再进一步切分。

身体动作模拟类具有整体性，不可拆分，例如"哆嗦"／"寒冷""冬天"。

操作模拟类，单手表示（操作）同一物体的，自然是整体性的，不可拆分，例如"钥匙"／"用钥匙开锁"，以单手作持钥匙拧锁孔状，该动作浑然一体，无法拆分。

操作模拟类，双手表示（操作）同一物体的，也是整体性的，不可拆分，例如"钢琴"／"弹钢琴"（见图 2.9）

---

① 此处特别说明的是"非语境形式"，因为有些手语词的语境形式是灵活多变的，动仿手势的某些语境形式有时也会发生改变，例如，当构成类标记结构时，用辅手来表示的该动仿手势的原有部分往往会脱落并改变成在语境中出现的某个类标记；或者辅手（如果其本身即为类标记的话）保持不变，主手改变成为某个动词（或该动词的简化形式），如"从门缝里看"。

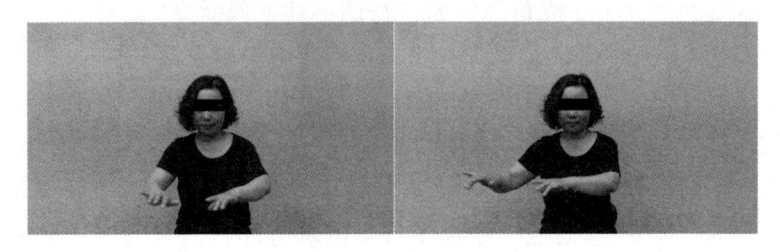

图 2.9 钢琴（杭州甲）
（双手敲击钢琴琴键状，动仿）

"钢琴"以双手敲击钢琴琴键状（该词动作幅度要大于"计算机"，按键时双手波浪式起伏及平移似有节拍、旋律感），该动作也是浑然一体，无法拆分的。

操作模拟类，双手表示（操作）不同物体的，也具有整体性，不可拆分，例如"锣"/"敲锣"（见图 2.10）

图 2.10 锣（杭州甲）
（一手持锣、一手敲锣的样子，动仿）

"锣"是双手手势，模拟一手持锣、一手敲锣的样子。这个场景中虽然表现出了锣，也表现出了敲击工具，而锣和敲击工具是两个不同的物品，在现实生活中和我们的思想意识中都是可以分开的，但是，在这个模拟过程中却是不能分开的，试想一下，无论是放下持锣的辅手还是放下敲锣的主手，都会让模拟对象变得不可理解，因而也就不能成为对"敲锣"这一事件的模拟。因此该手势同样具有整体性，不可拆分。

相应地，从语言学的角度而言，以上各例均只能看作是一个语素，即一个单语素词（单纯词）。

2. 动仿手势与哑剧式比划

动仿手势无论是身体动作模拟类还是操作模拟类，或多或少都带有哑剧式比划的特点，但是，它们并不等同于哑剧式比划，在一定程度上可以看作哑剧式比划动作进入了中国手语的词汇系统，或者说是中国手语对哑剧式比划动作的利用，可称之为"哑剧式比划"符号，注意，其性质是语言符号，而非所谓的哑剧式比划。

动仿手势，或者说"哑剧式比划"符号，具有或高或低的语义透明度，其中身体动作类和身体部位参与辅助性表义的操作类动作类，语义透明度最高，如"跑""梳头1""梳头2""刷牙"等，其中"跑"属于身体动作类，而"梳头1""梳头2""刷牙"等均为身体部位参与辅助性表义的操作类动作类，"梳头1"是主体视点型（握持类），"梳头2""刷牙"则是客体视点型。而身体部位不参与辅助性表义的操作性手势相对而言语义透明度要低一些，如"刨子（刨木头）""钥匙（转动钥匙）"等，前者为握持类，后者为非握持类。

任何语言都会尽可能地利用一切方便的手段来进行表达，而哑剧式比划对于视觉模式的手语来说确实是一种唾手可得的好材料，这正如拟声词对于有声语言一样，从某种意义上说，手语中的哑剧式比划符号确实有点类似于有声语言中的拟声词。可以想见，任何手语中都会有一定数量的哑剧式比划符号，这也正如任何有声语言中都会有一定数量的拟声词一样。但是，整体而言，有声语言中的拟声词通常数量特别少，而且作用有限；而手语中的哑剧式比划符号远远多于有声语言中的拟声词，更为重要的是，哑剧式比划符号在手语中的作用大大突破了"拟声词"的范围，可以表示动作（动词），也可以表示动作相关事物（名词），因此，实际上，手语中的哑剧式比划符号并不等于有声语言中的拟声词，两者只是在"发音"方法上具有一定的相似之处，而在表义作用和语法功能上，前者远比后者要丰富和复杂。

哑剧式比划符号在手语中的普遍存在，可以解释世界上不同手语之间具有一定程度的共通性的原因，同时也说明，不同手语中一些相同或相似的手势不一定是同源的，因为相同或相似的哑剧式比划符号有可能是在不同手语中各自独立产生、发展而来的，不一定是因语言接触而导致的借用现象。

3. 动仿手势也是约定俗成的

与手语中的其他手势一样，动仿手势也是约定俗成的，不是随意（模仿）的。例如，中国手语中"电影""电视"词形不一样，前者用放映电影的投影来表示（动仿），后者则用闪动的屏幕来表示（形仿，动态形仿）。实际上电影也有屏幕，而且电影的屏幕通常要比电视大很多，因此，屏幕也是电影的一个突出特征，汉语即以"银屏"（或"荧屏"）来指电视，以"银幕"来指电影，两者均从屏幕着眼，① 但是，中国手语中的"电影"就不是用电影的屏幕来表示，而是用放映电影的投影来表示，这是约定俗成的，不能随意更改。

4. 关于动仿手势的语义透明度

操作类动作手势表示动作义时，语义透明度是很高的（其中主体视点型还要高于客体视点型），尤其是身体部位参与辅助性表义的操作类动作手势（无论是主体视点型还是客体视点型），语义透明度更高，不懂中国手语的人往往可以根据其所模拟的动作就能猜测出其含义。但是，如果操作类动作手势不是表示动作义，而是表示与动作相关的名物义时，那么其语义透明度就会有所下

---

① 所不同的是电视屏幕闪动而电影屏幕不闪动。

降，不懂中国手语的人需要联系与动作相关的事物才能猜测到其含义，如果动作相关事物不是直接相关（如施事、受事、工具等），而是通过间接的隐喻和转喻（借代）相关时，其语义透明度更是直线下降，不懂中国手语的人就很难猜测到其中的含义了。

扣帽子、男人（爱美的男孩常把头发往后捋，捋顺一点，用这个特征性的动作来表示该动作的主体）。

5. 动仿手势与德马泰托（DeMatteo）的"视觉形象"理论

德马泰托（DeMatteo）的"视觉形象"理论向来不受学界重视，但是通过对中国手语手势构造进行深入的研究之后，我们发现，动仿手势竟与德马泰托（DeMatteo）的"视觉形象"理论暗合！

（1）国外手语学界关于类标记谓语两种完全对立的观点

关于类标记谓语的语素构成，国外手语学界有两种截然不同的观点：一为苏普拉（Supalla）的"多语素构成模式"，认为"类标记谓语由多语素构成"；二为德马泰托（DeMatteo）的"视觉形象"理论，认为类标记谓语中不存在语素，只有视觉形象和推理。两种观点针锋相对，前者为学界的主流，后者始终居于少数派地位。

类标记谓语包括类标记动词和类标记结构两个层次。动仿手势虽然并非全是类标记动词，但是动仿手势中有一类手势，即操作模拟类中的主、客体混合视点型，是包含类标记的，属于类标记动词。因此我们有必要在此对这两种完全对立的观点予以简单的述评。

A. Supalla 关于类标记谓语的"多语素构成模式"

根据里德尔（Liddell，2003），类标记谓语被苏普拉（Supalla，1978，1982）看作是高度综合的多语素谓语。[1] 苏普拉

---

[1] McDonald（1982）和 Schick（1990）关于类标记谓语的结构的观点与苏普拉（Supalla）有所不同，但是都认为类标记谓语是高度综合的语素结合。

(Supalla)认为,每一个这样的动词都包含一个或一个以上的运动词根,以及一些表示某种词汇意义或语法意义的词缀。苏普拉用一个表格总结了这些词根和词缀的类别[里德尔(Liddell),2003a:204]。

里德尔在介绍苏普拉的观点时,(主要)根据该表格所列出的词根和词缀,利用苏普拉的模式分析了美国手语中下面这个类标记谓语(或句子)中所包含的多个语素"UPRIGHT-PERSON$_1$-WALK-TO-UPRIGHT-PERSON$_2$汉译(直译)一个(直立)的人走向另一个(直立)的人"。

首先,这个类标记谓语包含4个运动词根:那只不动的手包含一个"持(静止)"词根,那只活动的手以一个"持"词根开始,继之以一个"动"词根,最终又以一个"持"词根结束。

接下来,关于词缀,辅手(那只不动的手)"持"词根至少有4个词缀:以"1-手形"来表示垂直物体的语义类标记词缀;以手的基础部分向下来表示"直立"的词缀;表示位置的词缀;表示所面对的方向的词缀(此词缀苏普拉表格未列,系里德尔根据"需要"所加,里德尔在引用苏普拉表格时亦作了说明——笔者按)。

另一只手(主手)开始的"持"词根与辅手一样,但是4个词缀中前两个(表示垂直物体的语义类标记词缀和表示"直立"的词缀)与辅手相同,后两个(表示位置的词缀和表示面对方向的词缀)则不一样。

苏普拉(1982)还注意到两个位置词缀决定一个基础平面。因此,里德尔在分析中增加了一个表示基础平面为水平面的语素,又增加了一个表示两个实体之间的距离的语素,但是这最后两个语素应该添加到哪一个词根上却成了难以解决的问题。

由以上分析可以看出,在主手运动之前就已经具备了两个运动词根和大量的词缀,如果上面所谈的最后两个词缀(表示基础平面和表示距离的词缀）只附着于其中的一个词根，那么（在主手运动之前）词缀总数也已经达到了 12 个。主手运动以后，词根和词缀（尤其是词缀）就更多了：如果重复出现的词缀只算一个，总数就是 4 个词根和 14 个词缀（最小值）；如果重复出现的词缀每次都计算，总数就是 4 个词根和 24 个词缀（最大值）。

而且由于在这里做语素分析时缺少"面对面"这个语素，因而在意义表达上还有缺憾，也就是说，语素分析并没有把该结构的意义全部包括进去。为了使语素分析能够包括该结构的全部意义，那就还得加上"面对面"语素。倘若再加上"面对面"语素，那么得到的词缀总数就成为最小值 15 个，最大值 25 个（里德尔，2003a：204-206）。

B. 德马泰托对类标记谓语的"视觉形象"分析

根据里德尔（2003）介绍，德马泰托（1977）提出，对于美国手语中类标记谓语的"视觉形象"分析。虽然在其提出之时正是学界为手语的语言地位正名之时，因此，在其提出之时便不受欢迎，现在也仍然处于少数派的地位，但是作为一种与苏普拉的类标记谓语多语素构成模式截然相反的解释，还是值得一提的。德马泰托坚持认为，在类标记谓语中不存在语素，只存在视觉形象和推理。里德尔在介绍德马泰托的观点时，也是以美国手语中的那个类标记谓语为例的："UPRIGHT-PERSON$_1$-WALK-TO-UP-RIGHT-PERSON$_2$汉译（直译）一个（直立）的人走向另一个（直立）的人。"德马泰托认为，在手语交际中，"说"话人（signer）借助类标记谓语用两只手创造出一个可见的场景，"听"话人（addressee）则通过观察这个可见的场景在脑海中重构一个这样的场景以便推断出这一事件中两个行为人（actor）之间的关系（指空间关系——笔者按）。也就是说，上例中的类标记谓语创造出"一个在真实或想像世界中发生的运动事件的空间类比，其作用在于使'听'话人重构场景以推断这一事件中两个行为人之间的关系"（德马泰托的原文为"a spatial analogue of the movement in the real/imaginal world; the function is to enable the addressee in the signed communication to reconstruct the scene in order to infer the relationship between the two actors in the event."DeMatteo，1977：115）（里德尔，2003a：202）。

　　里德尔对于德马泰托的分析提出了两点质疑：其一，在上例中，一个人向另一个人靠近的方式有很多种：这个人可以是"悠闲地走""拖着脚走""走""蹦蹦跳跳地走""疾走""跑""单脚或双脚跳行"，等等。可是虽然有这么多可能的方式，这个手势的意思却只表示"走"（这说明这个手势对于语义进行了抽象化，不仅仅是一种空间类比或视觉模拟——笔者按）。其二，在另一个例子中，即如果表示"人"的类标记的"1-手形"不是完全的直线运动，而是在直线运动的同时伴随波浪式的上下运动，并发出"mm"这样的声音（表情体态），那么在"走"的语义中又增加了"不匆忙地、放松地或者并非异于平常地"意思（里德尔，1977，1980）。如果这是一个基于视觉形象的类比，那就意味着这个行为人也在做上下波浪式运动，显然这解释不通，因为这个手势的意思其实并非如此（里德尔，2003a：203）。

　　我们认为里德尔的质疑是有道理的，德马泰托在对手语中类标记谓语的"视觉形象"分析中完全排斥类标记谓语中所包含的语素（或语言成分）显然是走了极端。虽然德马泰托否认手语中类标记谓语的语素构成，可是他自己的用词中其实就已经暗含了类标记谓语中所包含的语素（或语言成分）：例如，按他的分析，每一只手的"1-手形"都"代表represent"一个站着的人（里德尔，2003a：202）。为什么"1-手形"可以"代表"一个站着的人呢？那就是因为"1-手形"是符号或符号性成分：它或者是语素或者是别的语言成分（如词）。毫无疑问类标记谓语是一种语言结构，其中包含着语素（或别的语言成分），虽然它不一定包含像苏普拉所分析出的那么多的语素。类标记谓语绝不仅仅是一种空间类比或视觉模拟，但是，我们可以说由于手语这种视觉语言的特殊性使得它可以利用视觉形象上的便利来表达语义，因而类标记谓语中可能会包含一定的理据性。

（2）动仿手势暗合德马泰托的"视觉形象"理论

类标记谓语包括类标记动词和类标记结构两个层次。动仿手势虽然并非全是类标记动词，但是，动仿手势中有一类手势，即操作模拟类中的主、客体混合视点型，是包含类标记的，属于类标记动词。最重要的是，我们惊讶地发现，与其他类型的手势不同，动仿手势竟然与德马泰托的"视觉形象"理论暗合！而我们在先前的研究（中国手语语素分析）中虽然并未完全采纳 Supall 的"多语素构成模式"，却是基本上摒弃德马泰托的"视觉形象"理论的（陈小红，2015：9—12，75—77）。

我们认为，虽然整体而言，里德尔对德马泰托所谓"视觉形象"理论的质疑是有道理的，德马泰托在对手语中类标记谓语的"视觉形象"分析中完全排斥类标记谓语中所包含的语素（或语言成分）确实是走了极端，但是，如果仅仅聚焦于动仿手势而不是指所有类标记谓语的话，我们发现，动仿手势其实在很大程度上更加适合于用德马泰托的"视觉形象"理论去解释。动仿手势属于象似性手势，主要是对人的操作性动作或身体动作（姿势、状态）的模拟，动作具有整体性，不可分割。一个动仿手势内部不可能再分解出什么语素来。但是，与哑剧式比划不同的是，动仿手势已经被纳入手语的词汇系统，在本质上属于语言符号，因此一个动仿手势可以看作是一个语素，或由一个语素构成的单纯词。而且，动仿手势已经约定俗成，作为语言词汇的一部分受到整个语言系统的制约，不似普通的哑剧式比划那样可以从不同角度去进行随意的创造。

四 中国手语词汇变体研究

手语中的手势（或词），可能会产生语法变体或词汇变体。语法变体与词汇变体是两个完全不同的概念：前者是词的变化形式，即同一个词的不同语法形式，导致该词语法意义的变化；后者是词的变异形式，即同一个词的不同构造方式，不会造成该词语法意义的变化，而属于手语中的一种词汇变异现象。

约翰斯顿（Johnston）和斯肯布里（Schembri）（1999）将手语中手势的不同形式分为原形（citation form）、变体（variant）和手势变形（sign modification）三种。原形即表达某一特定概念的固定形式，在形式上具有一致性和去语境性。变体是词位的变化形式，在本质上只是同一词位的不同发音方式，在意义上并没有区别。手势变形指手势在形式上有系统、有规律的变化，这种变化会造成手势的意义差别［约翰斯顿（Johnston）和斯肯布里（Schembri），1999］。芬伦（Fenlon）等（2015）指出手语中的手势变体有语音、音系变体（phonetic and phonological variants）和形态变体（morphological variants）［芬伦等（Fenlon et al.），2015］。

陈雅清指出，约翰斯顿（Johnston）和斯肯布里（Schembri）所说的"变体"（variant）即芬伦（Fenlon）等所说的"语音、音系变体"（phonetic and phonological variants），而约翰斯顿（Johnston）和斯肯布里（Schembri）所说的"手势变形"（sign modification）就是芬伦（Fenlon）等所说的"形态变体"（morphological variants）（陈雅清，2019：90）。

芬伦（Fenlon）等（2015）在创建英国手语词汇数据库时又区分了音系变体（phonological variants）和词汇变体（lexical variants）：如果手势 A 的具体形式与 B 和 C 只在一个语音参数（手形、位置、运动或方向）上有差异，且意义相同或相近，则 B 和 C 为手势 A 的音系变体；如果手势 A 的具体形式与 B 和 C 在两个或两个以上的语音参数上有差异，且意义相同或相近，则 B 和 C 为 A 的词汇变体（lexical variant）[芬伦等（Fenlon et al.），2015]。

有声语言的词形变化包括屈折（inflection）和派生（derivation）两类，两者在有声语言中是泾渭分明的，而手语中屈折和派生这两种语法现象的区分一直未有定论，① 这个问题广泛存在于多国手语中 [如恩伯格-彼得森（Engberg-Pedersen），1993；约翰斯顿（Johnston）和斯肯布里（Schembri），1999；里德尔（Liddell），2003；桑德（Sander）和利洛-马丁（Lillo-Martin），2006；芬伦等（Fenlon et al.），2015]，鉴于手语中屈折和派生这两种情况的不确定性，芬伦（Fenlon）等人（2015）提出用手势变形（sign modification）和手势构词（sign formation）来替代屈折和派生这两个名称（陈雅清，2019：90）。

从目前中国手语的语料来看，我们认为，手语中所谓的"词汇变体"其实无关乎派生（构词），各变体均为原形，相互之间没有派生关系，它们也不是从另一个共同的"原形"派生而来的；更无关乎屈折（或构形），因为各变体之间没有语法意义的差别，因此纯属手语中的一种词汇变异现象。词汇变体实际上是同一个概念的不同表达形式，在本质上是一组异形同义词（如果一个词的词汇变体不止一个的话），② 将其称为"词汇变体"，是将一组异形同义词看作了同一个词的不同构造类型。③

一个词的词汇变体，即同一个词的不同构造方式（不同"发音"形式）；或者毋宁说，是一组异形同义词，我们按照芬伦

---

① 亦即通常所说的"构形"与"构词"。
② 当然手语中不一定每个词都有变异，如果一个词只有一种形式，我们也可将其看作只有一个词汇变体。
③ 将一组异形同义词看作了同一个词的不同构造类型而称之为该词的词汇变体，这在本书是出于研究的方便。

(Fenlon)等(2015)的分类法将其看作同一个词的不同变体(词汇变体)。陈雅清(2019)认为："中国各代表城市常用词汇差异的主要依据是区别性特征，记为一级差异，即表达同一概念的不同手势形式。""以一级差异（即不同手势形式）做出的异同归属结果是后期进行全国常用手势分区研究工作的主要依据。"（见陈博士学位论文摘要及正文第89页）陈雅清在其研究中决定不采用"变体"这一术语，而将其称为"表达同一概念的不同手势形式"（陈雅清，2019：91）。陈雅清所讲的表达同一概念而又具有"区别性特征"（即"一级差异"）的不同手势形式，在本质上就是芬伦(Fenlon)等(2015)的"词汇变体"（lexical variants），亦即本书所讲的词汇变体，只是三者对词汇变体的判定标准存在一定争议。

中国手语词汇变体的分布牵涉不同地域、不同人群乃至不同个体，就目前材料而言，整体上中国手语词汇变体以地域变体为主，兼及社会变体，也不排除个人因素，如语言使用者个体的好恶、个人的风格、特殊的"发音"习惯等。由于本书是把分布在中国大陆（除西藏之外）如此广阔范围之内的中国手语作为一个整体来研究的，这样一个复杂的整体必然既有共性又有丰富的变异性，因此，本书所谓之中国手语"词汇变体"是从非常宽泛的意义而言的，如果与汉语类比的话，中国手语中的词汇变体大体上对应于汉语中的等义词（如"蕃茄""西红柿"）、异形同义词（如"觉察""察觉"）和方言词（如"公鸡""鸡公"）三类，而无关乎屈折与派生。

因语法意义的改变而造成一个词的词形变化，是词的语法变体，即同一个词的不同语法形式，不属于本书所讲的"词汇变体"范围。语法变体，亦即芬伦(Fenlon)等人(2015)用手势变形(sign modification)和手势构词(sign formation)来替代屈折和派生这两个名称时，其所说的因手势变形(sign modification)而形成的变体（陈雅清，2019：90），与本书所讲的词汇变体是完全不同的两码事。

在中国手语中，一个词的语法变体会造成其语法意义的改变，但不会造成该词基本构造方式（构造类型）的改变；与此相反，一个词的词汇变体仅牵涉该词基本构造方式（构造类型）的改变，而不牵涉其语法意义的改变。

例如，"怀孕"一词有三个变体：怀孕 1、① 怀孕 2、怀孕 3（恰巧分别对应常见变体、次常见变体和罕见变体），均为形仿，如图 2.11 所示。

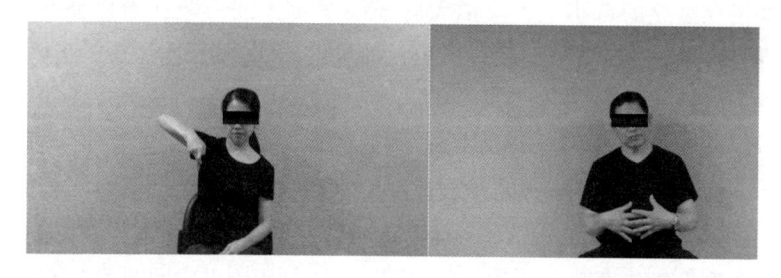

怀孕 1（广州）②　　　　　　　怀孕 2（上海乙）

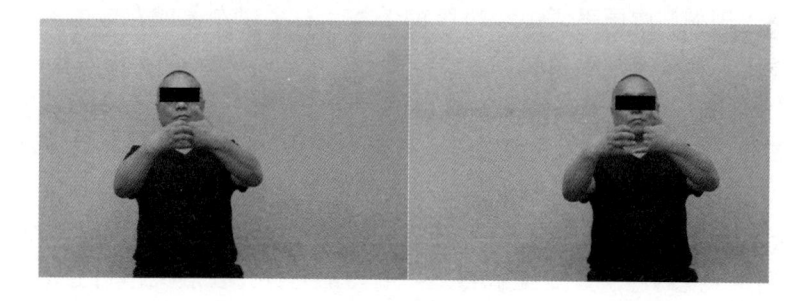

怀孕 3（杭州乙）

图 2.11　怀孕

---

①　本书中国手语词的常见变体通常标为变体 0（或不标号），但将常见变体与其他变体作比较时一般标为变体 1；其他变体（次常见变体和罕见变体）则从变体 2 开始标号。

②　广州只有一位被调查人，因此无须标出"甲"或"乙"。

"怀孕1"和"怀孕3"均为普通形仿。而"怀孕2"则为特殊形仿,即"身体部位+形仿"类(与前两者分属不同的构造类型),是高度象似性的手势,(形式上)与哑剧式比划无异,因此,毫无疑问,"怀孕2"可以作为一个不同的词汇变体与另外两个相区分。

"怀孕1"和"怀孕3"属于同一构造类型(普通形仿),但是两者的构造方式还是不同的:"怀孕1"不含类标记,直接以中指弯曲搭在竖立的食指上,模拟大肚子怀孕女人的形象;而"怀孕3"则包含类标记,是类标记+形仿,抽象的语义类标记〈人〉在该手势中具体化,表示一个直立的人形,主手在辅手〈人〉类标记的"肚子"前面弯曲半张作虚拟膨胀状,也是模拟大肚子的怀孕女人形象,所不同的是模拟方式不同,即手势的构造方式不同。因此,"怀孕1"和"怀孕3"虽为同一构造类型(普通形仿类),但是,采用了不同的构造方式,因此,差异显著,应看作两个不同的词汇变体。

一个手势是否具备显著差异度跟手势的构造类型有很大的关系。例如,中国手语中"边"的手势,右手在左手或左臂边上划一下,或在左臂上摸一下,借以提示"一边、一侧、旁边"之义。"手"和"臂"是身体部位的差异,"划"和"摸"是指示方法的差异,如果仅从"语音"要素来看,"手"和"臂"之间以及"划"和"摸"之间的差异都很大,而且还牵涉两个"语音"要素的差异,但是,结合构词类型来看,这些差异均属于同一构词类型(规约性手势"提示类")的内部差异,在表义作用上并无明显的区别,"手边""臂边"均为"边","划"或"摸"均起到提示的作用,因此这些手势之间不具备显著差异度,我们将其看作同一变体的内部差异。

五 词汇变体与显著差异度

陈雅清指出,中国手语常用词的差异是具有等级性的,不同级别的差异在判断手势异同时所起的作用是不相等的（陈雅清，2019：89）。

我们认为，手语中词汇变体的差异与差异度，不单是个物理的问题（形式的、"发音"的问题），还牵涉语言使用者的心理认知、感觉、知觉等方面，包括心理和社会的因素。语言是形式和意义相结合的符号，对词汇变体差异与差异度的感知，牵涉（不同地域、不同言语社团）语言使用者对语言符号的心理感知、对其意义的理解与辨识，因此必然会牵涉词的语义，尤其是形式和语义的关系问题。

而手语中的词，虽然和有声语言中的词一样同为语言符号，但是手语词某些方面的性质和特点（尤其是在词的构造类型和构造方式等方面）与有声语言还是有所不同的（不能拿有声语言词的构造规律以及像"任意性"这样的有声语言音义关系之"铁律"来简单地套手语），而有些方面倒是和一些古文字有一定的相似之处（皮尔斯、李斯卡；赵星植译，2014：54）。从词的层面来看，一般来说，有声语言中都会有少量的象似性符号（拟声词），而中国手语中则有相当数量的象似性符号（动仿手势和形仿手势），这些象似性符号与规约性符号不同，其"音"义之间具有明显的联系，有较强的理据性及程度不等的语义透明度。因此，在中国手语中，离开词义及其构建方式（词的构造），仅从词形（"语音"）方面去谈词与词之间的差异与差异度是行不通的，同样，离开词义及其构建方式，仅从词形上的差异去谈同一个词不同词汇变体之间的差异与差异度，也是行不通的。词汇变体之间的差异与差异度，必须从"音"义结合的角度去看，既要考虑"语音"又要考虑语义，考虑"语音"就是考虑手势变体在词形即手形、位置、运动、方向上的特点；考虑语义就是考虑手势变体的词义构建、"音"义联系以及变体的构造类型和构造方式，等等。

也就是说，手语中词汇变体的差异与差异度，不能仅看词形差异（物理因素），即组成各变体的单个要素差异及其综合的整体差异（或四要素差异之总和），还要考虑各变体的手势意义是如何构建的，即从"音"义结合的角度入手，考察词形（手形、位置、运动、方向）和词义之间是否有联系、有何种联系，例如，是否模拟对象的外形或动作，有无象似性，采取何种构词材料（动作、外形、类标记、纯符号、提示、指示或借用汉语），采用何种方式，模拟对象、模拟角度及模拟手段如何等。有时还牵涉社会心理、语言使用者的心理关注度等因素。

从目前的中国手语语料来看，我们认为，手语中词汇变体的差异与差异度，主要取决于变体的构造类型和具体的构造方式这两个方面。

（一）何谓显著差异度

如果（两个或两个以上）语义相同的形式，其构造类型或构造方式（包括模拟对象、模拟角度和模拟手段等）不同，那么这些形式之间的差异无疑是显著的，应该认定为具有"显著差异度"，属于不同的词汇变体，语言使用者在头脑中能够自然而然、毫不费力地辨识出这类变体之间的不同之处。反之，如果这些语义相同的形式，其构造类型和构造方式均相同，那么，即使出现词形（"语音"）差异（手形、位置、运动、方向等方面），哪怕出现较大的词形差异，手语使用者在心理上也会（不自觉地）将之归于同一类型，在实际使用中对这些差异往往会视而不见，综合起来可以认定为"无显著差异度"，相应地，这种与词的构造类型和构造方式均无关的"无显著差异度"的词形（"语音"）差异，由于不改变词的构造类型和构造方式，因而不影响某个具体变体的"音"义关系，即"音"义之间的关联特性，亦即不影响到"音"义之间是否有联系、如何联系，等等，属于纯粹的物理因素（词形、"语音"）方面的差异，或与风格变异有关，可以归入同一变体（词汇变体）的内部差异。

例如，"爱"主要有两种形式，① 都是用主手抚摸辅手〈人〉类标记，但是，抚摸的方向和方式有所不同：一个是从上向下抚摸（抚摸时主手方向通常朝上，也有随意斜向甚至横向的），另一个则是左右晃动作摩挲爱抚状，仅从形式要素参数（手形、位置、运动、方向）方面去考量的话，主手的两个参数（运动和方向）都改变了，手形朝向和运动方式都不一样了，因此，两者的差异看起来还是比较明显的，但是，这两个形式却属于同一构造类型（规约性手势普通类含类标记的那种，大类次类小类均相同），而且具体的构造方式也相同，都是用主手去抚摸辅手〈人〉类标记，从这个角度来看的话，所不同的只是抚摸动作的差异而已，构造方式仍旧无异（即主手抚摸辅手〈人〉类标记）。而由于构造方式无异，抚摸动作方面的差异就显得微不足道了。因此，"爱"的这两个形式可以看作是同一（一级）变体的内部差异而忽略不计。

另外，〈人〉类标记又有"Y""A""I"三种形式，因此如果考虑"爱"这个词内部所包含〈人〉类标记的形式差异，那么该词还有更多的变化形式，从语料来看，出现在"爱"中的〈人〉类标记绝大部分为"A"形，少量为"I"形，极少出现"Y"形。但是〈人〉类标记作为"爱"这个词内部一个表示受事论元的语素，其形式差异并不足以改变该词的构造类型与构造方式，因此相应地，因〈人〉类标记的差异所导致的"爱"的变化形式均可视为同一变体的内部差异。下面两例中"爱"分别含"A"形和"I"形〈人〉类标记。

"爱"（北京甲）含"A"形〈人〉类标记，"爱"（北京

---

① 如果考虑"爱"内部所包含〈人〉类标记的不同，该词还有更多的变化形式，但是这些变化形式均可视为同一变体的内部差异。

爱（北京甲）　　　　　　爱（北京乙）

图 2.12　爱

乙）含"I"形〈人〉类标记，两者为同一变体的内部差异。

综上所述，在中国手语中，同一个词的不同形式，词义是没有变的，是词形发生了变化，而词形变化又可以分为两种情况：A. 仅仅是词形发生了变化，词的构造类型和构造方式没有发生变化（无显著差异度）；B. 词形发生了变化，同时词的构造类型和构造方式也发生了变化（有显著差异度）。[①] 我们将有显著差异度的情况 B 看作变体（词汇变体），而将无显著差异度的情况 A 看作变体（词汇变体）的内部差异，

例如，"小"（"少"）的两个差异形式，[②] 大拇指指尖触及（并拨划）同一个手的小指指尖或食指指尖，均为提示类。[③] 当然这两个差异形式本身看起来差别也不大，但更重要的是，无论是触及（并拨划）小指指尖还是食指指尖，均为规约性手势提示类（特殊提示类），构造类型与构造方式均相同，因此应看作是同一变体的内部差异。

[①] 其实构造类型和构造方式中就包含了词形，即"语音"方面的因素，因此构造类型和构造方式的变化就意味着词形（"语音"）的变化。

[②] 中国手语中"小""少"为同形词，因此一并提及。

[③] 这是特殊的提示类，提示符和被提示物处在同一个手的内部，一般来说，提示符和被提示物不会处在同一个手的内部。

再如，"红""黑""继续"这三个词，均为规约性手势，前两个为提示类，第三个则为隐喻类（方位隐喻①），均有一个手指（食指）和两个手指（食指和中指）的差异形式，第三个甚至还有整个手掌参与的差异形式（两个手掌参与，运动方式与一个手指及两个手指的完全相同）。但是，由于这三个词各自不同的差异形式，其构造类型和构造方式是完全相同的，因此其手形的差异不足以造成显著的差别，相应地，各自的变异形式均可看作变体（词汇变体）的内部差异。

（二）判断显著差异度的步骤

"显著差异度"是词汇变体的标志，但是，何谓"显著差异度"却因词而异。如何判断词汇变体的显著差异度，简单来说，可分为两步。第一步，看是否属于同一构造类型，如果不属于同一构造类型，那么必然具有显著差异度，属于不同变体（词汇变体）。如果属于同一构造类型，那么再走第二步，看是否为同一构造方式，这要具体情况具体分析，如果不是同一构造方式，那么我们认为仍然具有显著差异度，属于不同变体（词汇变体）；如果是同一构造方式，则不具有显著差异度，其词形（"语音"）差异属于同一变体（词汇变体）的内部差异。两步辨识法具体如下。

根据词的构造特点（构词材料、"音"义联系及词的来源等），中国手语中的词可分为纯手语词和汉语借词两大类，两者内部均包含单手势词和多手势词。② 纯手语词中的单手势词可分为指示性手势、规约性手势、象似性手势三个大类。规约性手势有五个次

---

① "继续"的构造方式在中国手语中属于规约性手势隐喻类（方位隐喻类），由空间方位向时间延伸，形式（手势）表示空间方位，而语义则表示时间，即用一个表示空间方位接续的手势来表示时间的持续。

② 本书研究词的构造，把纯手语词内部的单手势词作为研究重点，纯手语词中的多手势词未作深入研究。

类：普通类、价值类、隐喻类、提示类和空间量类。象似性手势有形仿和动仿两个次类，形仿内部又有两个小类：普通形仿类和"身体部位+形仿"类；动仿内部又有三个小类：操作类、身体类和混合类。汉语借词有四个次类：仿译、仿字、书空和指拼。以上四个大类及其内部次类及各小类，均为截然不同的构造类型。

同一个词的几个不同形式（语义相同的几个不同形式），如果其构造类型不同，即不属于以上四大类中的同一次类或小类（指示性手势、规约性手势和汉语借词这三大类，要看是否属于同一次类，象似性手势则要看是否属于同一小类），那么就具有显著差异度，属于同一个词的不同变体（词汇变体），此即上文介绍变体辨识第一步。

如果其构造类型相同，即属于同一次类或小类，则要看具体的构造方式，象似性手势还要看模拟角度、模拟手段等，具体情况具体分析（此即上文介绍变体辨识第二步），有的次类（及小类）内部构造方式基本上是相同的，如一些动仿手势，不具显著差异度，可看作同一变体的内部差异；而有的次类（及小类）其内部的构造方式仍有很大的差异，仍然具有显著差异度，应看作不同的变体，如一些形仿手势。

例如，"起床"的两个形式属于两种完全不同的构造类型，一个是纯手语词，一个是汉语借词，两者具有显著差异度，因此应看作两个变体（如图 2.13 所示）。

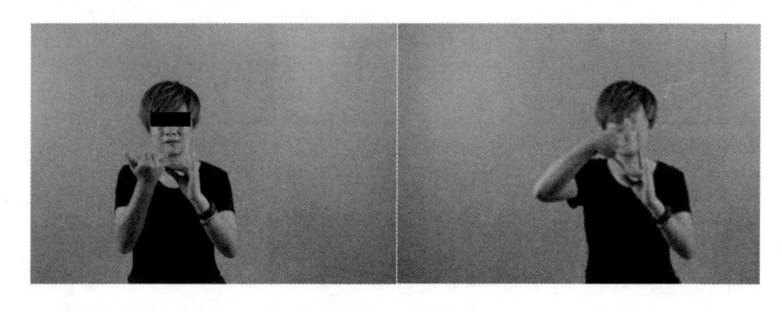

起床 1（重庆甲）

起床2（北京甲）

图 2.13　起床

"起床1"是纯手语词，规约性手势普通类（类标记动词）；"起床2"则是汉语借词（仿译词："起"+"床"）。

又如"游泳"（见图 2.14）。

游泳1（北京甲）：象似性手势（蛙泳）

游泳1（福州乙）：象似性手势（自由泳）

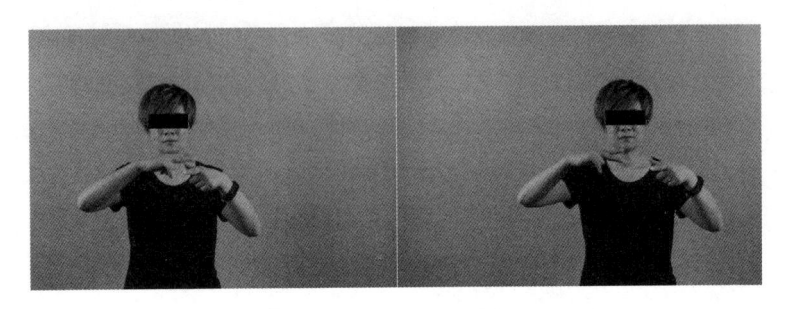

游泳 2（重庆甲）：规约性手势（类标记动词）

图 2.14　游泳

"游泳 1（北京甲）"大体上模拟蛙泳动作，"游泳 1（福州乙）"大体上模拟自由泳动作，仅从形式来看两个动作之间的差异是明显的，但是，结合其表义目的，从"音"义关系的角度，亦即从手势构造来看，两者均为模拟游泳动作的象似性手势——动仿手势，其差异仅在具体游泳动作的不同，而且聋人理解这两个手势的意义时在心理上也并不会觉得两者在表示"游泳"义时有什么大的区别，因此，从手势构造（乃至社会心理）来看两者之间并无显著差异度，应看作同一变体的内部差异。

"游泳 2"则是类标记动词"游泳"，含〈双腿〉类标记，在构造上属于规约性手势中的普通类，与前两者的构造类型完全不同，具有显著差异度，自然属于另外一个变体。因此，"游泳"的三种形式可归纳为两个变体。

手语中词汇变体之间的显著差异度不仅是形式上的差异，还与手势（词）的表义功能、"音"义联系乃至于社会心理（或语言使用者的心理关注度）有关。综合诸种因素可知，上面"游泳 1"的两个形式在中国手语中表示"游泳"义时并无显著差异度，应属同一变体的内部差异；但是，如果两者分别表示"蛙泳"义和"自由泳"义时则要另当别论了，虽然形式上与"游泳 1"并无不同，但显然是两个词。究其原因，应该是词义的改变（从上位词到下位词，意义变得更为具体）导致"音"义关系的转移，从而导致语言使用者对其形式与意义（"音"义联系）的心理关注度发生了改变。或者说，表示更为具体的"蛙泳"义或"自由泳"义时比表示相对笼统的"游泳"义时，语言使用者对其形式上的差异会更为敏感。

再如"唱歌"（见图 2.15）。

"唱歌"有四个形式，前三个形式均为象似性手势——动仿手势；第四个则是规约性手势提示类，以主手食指指着喉咙，提示歌声由此发出。第四个与前三个之间差别明显，应属另一个变体。

唱歌 1（南京甲）  唱歌 2（银川甲）

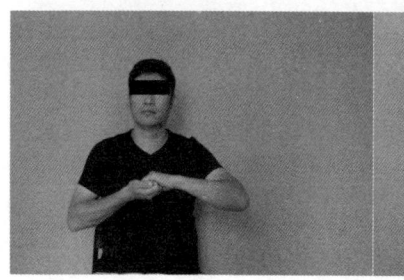

唱歌 3（郑州甲）  唱歌 4（银川乙）

图 2.15 唱歌

"唱歌"的前三个形式虽然都是象似性手势，但是分别属于动仿手势内部的不同小类：唱歌 2 为操作模拟类，模拟手持话筒唱歌的动作。唱歌 1 和唱歌 3 则为身体姿势模拟类；唱歌 3 为直接模拟型，模拟合唱时手拉手的身体姿势；唱歌1则为间接模拟型，借助手部辅助性动作来强化相关身体动作（唱歌），手部辅助性动作由嘴部向外运动表示歌声从嘴巴里飞出去的状态。

以上"唱歌"的前三个形式虽然同为动仿手势，但是唱歌2与另外两个形式（唱歌1、唱歌3）分属于动仿手势内部的两个小类：前者为操作模拟类，后两者则为身体姿势模拟类；而后两者虽然同属于身体姿势模拟类，却又分属于其内部的直接模拟型和间接模拟型两个更小的类别。可见，三者虽然同为动仿手势，但是它们的构造类型和构造方式却是很不一样的；而且，三者的模拟对象（其所模拟的动作或姿势）也是完全不同的，并非同一动作的不同角度，因此可以说三者之间具有显著差异度，应看作三个不同的变体。

综合来看，上面四个形式分别为"唱歌"的四个变体。

再看"继续"（见图2.16）。

继续（北京甲）　　　　继续（兰州甲）

图 2.16　继续（坚持）

"继续"一词①在中国手语中属于规约性手势隐喻类（方位隐喻类），通常以双手食指斜向隔空相对，双手保持此姿势同时向斜下方直线运动，以空间方位的接续暗指时间上的持续，语义由空间向时间延伸，属于方位隐喻类。上面左图发音人使用双手食指，右图发音人双手均使用两根手指（食指和中指）；而且两者运动方向也不同：左图

---

① "继续"一词在中国手语中与"坚持"同形。

从左上向右下运动,右图则从右上向左下运动,但是两者手形及运动方向的不同并不对该词的构造类型与构造方式造成任何影响,因此纯属同一变体的内部差异。该词还有一个较为罕见的形式是使用五个手指的:双手五指并拢,指尖斜向隔空相对,但是运动方式与此处的两者没有差别:都是从右上向左下或从左上向右下作直线运动,因此,整体来看其构造类型、构造方式与此处的两种形式并无什么不同,三者之间无显著差异度,均属同一变体的内部差异。

六 本章小结

本书利用复旦大学中国手语语料库中的词汇数据库,来研究中国手语的手势构造,即中国手语纯手语词中单手势词的构造类型与构造特点。如果单手势词的手势构造问题得到了解决,那么多手势词的手势构造问题也就能够迎刃而解。本书的研究范围为中国手语词的常见变体及次常见变体,而中国手语词的常见变体及次常见变体不一定都是北京变体或上海变体。

借用皮尔斯符号三分法理论,我们将中国手语中的手势(同时也是单手势词)分为规约性手势、象似性手势和指示性手势三种类型。中国手语中有大量的规约性手势、相当一部分象似性手势和少量的指示性手势(指示性手势主要是人称代词和指示代词,以及有些身体部位的名称)。由于纯粹的指示性手势很少,因此本书研究中国手语手势构造,只研究其中的规约性手势和象似性手势,不研究指示性手势。规约性手势指的是中国手语中高度约定俗成的手势,任意性很强,语义透明度很低;象似性手势指的是中国手语中模拟事物外形或人的动作因而带有某种象似性的手势,任意性相对较低且具有一定语义透明度的手势。

中国手语规约性手势包括五种类型:普通类、价值类、隐喻类、空间量类和提示类。第一种普通类是普通的规约性手势;第二种价值类包含（或融合）聋、听通用的"好""坏"价值判断手形；第三种隐喻类在手势构造方式中隐含着某种微妙的隐喻联系；第四种空间量类试图模拟抽象的空间量，尽可能地化抽象为具体，即以具体来表抽象；第五种提示类则含有提示性的动作符号。

中国手语象似性手势包括形仿和动仿两个大类，前者在"发音"上模拟事物的外形（亦兼动态），在语义上通常表示该事物或相关事物及其动态；后者模拟人的动作，在语义上表示该动作及相关事物或其他相关义。

形仿手势又可分为静态形仿手势和动态形仿手势两种类型，前者从静态的角度描摹事物（相对）静态的整体轮廓或局部特征（亦即仅模拟事物的外形）；后者则从动态的角度模拟事物的外形兼动态（亦即在模拟事物外形的同时还模拟事物的动态）。

动仿手势又可分为身体动作模拟类和操作模拟类。身体动作模拟类即对身体动作的模拟，可以不局限于手部的活动，而牵涉整个上身，有时甚至可以有脚的参与。操作模拟类手势，模拟行为限于手部动作，即在"发音"上模拟人用手对物体（工具、对象）的某种操作行为。

操作模拟类手势有两个不同的视角，一是主体视角；二是主、客体混合视角。前者可称之为主体视点型，后者可称之为主、客体混合视点型。主体视点型手势只模拟主体以手握持及操作（工具或对象）的方式，不以手形来模拟握持物或操作对象的形状。主、客体混合视点型手势则从主、客体混合的角度去模拟主体（人）对客体（工具或对象）的操作，手部运动表示主体的操作方式，同时手形还能大致地兼表客体（工具或对象）的局部或整体外形特征。

手语中的手势（或词），可能会产生语法变体或词汇变体，它们是两个完全不同的概念。前者指的是手语中同一个词的不同语法形式，后者指的是手语中同一个词的不同构造方式。

词汇变体，即同一个词的不同构造方式；或者毋宁说，是一组异形同义词（如果该词的词汇变体不止一个的话）。可能是中国手语中同一个词（或同一个意义）在不同地域或不同言语社团中的变体（或不同的表现形式）；也有可能是中国手语中同一个词（或同一个意义）在同一地域乃至同一言语社团中的自由变体（或不同的表现形式）。本书之"异形同义词"是从中国手语整体而言的，不局限于某个方言点或某一特定的言语社团，因此，它们有可能是地域变体、社会变体，也有可能是同一地域同一言语社团中的自由变体，甚至不排除个人因素所导致的特殊变体。

词汇变体的判定标准为"显著差异度"。手语中词汇变体的差异与差异度，主要取决于变体的构造类型和具体的构造方式这两个方面。如果（两个或两个以上）语义相同的形式，其构造类型或构造方式（包括模拟对象、模拟角度和模拟手段等）不同，那么这些形式之间的差异无疑是显著的，应该认定为具有"显著差异度"，属于不同的词汇变体。

第三章

中国手语性状类常用词构造类型分布及变异性研究

引言

本书的研究范围为中国手语词的常见变体及次常见变体,[①] 本章的研究对象为中国手语性状类常用词常见变体(变体0)的构造类型、词汇构成与变异情况。

本书的研究依托复旦大学中国手语语料库中的词汇数据库,该语料库的视频语料采集于中国大陆30个代表城市(大陆除西藏拉萨外的各省省会、直辖市等),总共58位被调查人。语料库中存有58份完整语料(除广州、呼和浩特两个城市各只有一位被调查人之外,其他各城市均有两位被调查人)。中国手语词的常见变体指的是在语料库中出现频率最高的变体,[②] 次常见变体次之,罕见变体指的是在语料库中出现次数少于5次的变体,三种变体均不限于一个。

中国手语词汇数据库中标注为"性状类"的常用词总共有221个,30个城市58份视频语料,总共12818个手语词视频。我们根

[①] 中国手语词的常见变体及次常见变体不一定都是北京变体或上海变体。
[②] 语料库中的高频"常见"变体与实际交际中的高频"常用"变体以及在地域上分布最广的变体,这三个概念严格来讲是不同的,语料库中的常见变体通常就是在地域上分布最广的变体,但其是否为"常用"变体则是因地而异的。

据实际情况对其进行了一定的合并、删减和整理，共删去其中17个不合适的词或短语（具体整理情况见本章附录4），最终得到204个中国手语性状类常用词（11832个视频）作为本书的研究对象，它们主要是表示性质或状态的形容词或名、形兼类词，如尖、方、圆、球等。也有一些是表示某种状态的动词或副词：动词，如"到""加""减""混合"等；动词或副词，如"有""没有"等。这些在原始语料中被标注为"性状类"的手语词在语法上具有一定的复杂性（包括形容词，名、形兼类词，少量动词和副词），不是单纯表示性质或状态的形容词，但是，从语义来看，整体而言还是以表示性质或状态为主的，考虑到其在语义上很大程度的这种共性，本书沿用语料库中原始语料的标注方式，将其称为"性状类"常用词。

根据这204个性状类常用词在语料库中所体现的变体情况，我们将其分为以下两类：（1）基本无变异词101个（见本章附录2）；（2）有变异词103个（见本章附录3）。前者指的是基本上没有变异的词，即只有或基本上只有一个变体的词，也就是有且只有一个常见变体、无次常见变体（但不排除罕见变体）的词。后者指的是有变异的词，也就是既有常见变体又有次常见变体，或者有不止一个常见变体（同时还可能有罕见变体）的词。

本章拟对中国手语性状类常用词中基本无变异词和有变异词常见变体（变体0）各种构造类型的数量与占比进行统计分析，在此基础之上再进一步描写、分析和探讨中国手语性状类常用词的词汇构成面貌，以期揭示中国手语性状类常用词的构造特点、各种构造类型在基本无变异词和有变异词中的数量与占比及其分布状况，以及性状类常用词的词汇特点、所受汉语影响的程度以及汉语影响它的方式。

另外，需要说明的是，本书主要研究中国手语词的常见变体和次常见变体,尤其将重点放在常见变体上,所有数据统计均忽略词的罕见变体。本章只统计中国手语词的常见变体。常见变体即变体0,本书为行文方便,正文中通常不标某词的"变体0"(而直接以某词称之)。①

一 性状类基本无变异词构造类型及其数量、占比研究

这204个性状类常用词中,有基本无变异词101个,我们对这101个基本无变异词的常见变体(变体0)内部各种构造类型的数量与占比,先列详表,对各种构造类型的数量与占比进行具体详细的统计分析;再列简表,对三种主要构造类型的数量与占比从整体上予以统计分析,再以饼图展示规约性手势、象似性手势和汉语借词在性状类常用词中的基本无变异词中的占比,并以柱形图展示纯手语词与汉语借词在性状类常用词中的基本无变异词中的占比,以揭示中国手语性状类常用词中的基本无变异词的词汇构成面貌及其所受到的汉语影响。

(一) 详表统计分析(各层级各类型)

下面,我们用一个详细的表格来对中国手语性状类常用词基本无变异词常见变体(变体0)内部各个层级各种结构类型的数量与占比进行统计分析。

表3.1显示,101个基本无变异词中,规约性手势76个,占75%;象似性手势18个,占18%。算下来规约性手势的数量为象似性手势的4倍之多,前者在101个基本无变异词中的占比相较于

---

① 次常见变体(及罕见变体)则根据各词的具体情况依次标为"变体1、变体2、变体3……",等等。

第三章 中国手语性状类常用词构造类型分布及变异性研究

后者竟然高出了57%，可见，规约性手势在性状类常用词基本无变异词中居于明显优势地位。两者相加的纯手语词更是占压倒优势，汉语借词在其中仅占7%。

表 3.1　性状类基本无变异词中各类手势的数量与占比（详表）

（性状类常用词基本无变异词 101 个）

词＼手势类别＼数量及百分比	规约性手势					象似性手势					汉语借词	
	普通	价值	隐喻	提示	空间量	形仿		动仿			仿字	仿译
						具体	抽象	操作	身体	混合		
基本无变异词（101 个词）	17	9	21	11	18	1	4	3	10	0	4	3
						5			13				
	76					18					7	
	101												
比率1（%）	17	9	21	11	18	1	4	3	10	0	4	3
						5			13				
比率2（%）	75					18					7	

说明：

1. 表中"基本无变异词"101 个，常见变体（变体 0）也是 101 个。

2. 表中"比率 2"指规约性手势、象似性手势和汉语借词等三种手势在性状类基本无变异词全部常见变体（101 个）中的占比，"比率 1"则是指以上三种手势内部各个次类在性状类基本无变异词全部常见变体（101 个）中的占比。

规约性手势中，隐喻类、空间量类和普通类在 101 个基本无变异词中的占比相差无几：隐喻类占比最高，为 21%，后两者则分别为 18% 和 17%。提示类和价值类占比要低一些，分别为 11% 和 9%。

象似性手势中，动仿是形仿的两倍多，两者在总量（全部 101 个变体 0）中的占比分别为 13% 和 5%。而动仿手势中，身体动作模拟类的占比要远高于操作模拟类，前者为 10%，而后者仅占

3%。而形仿手势中,抽象形仿类远高于具体形仿类,前者为4%,后者为1%。

汉语借词中,仿字和仿译的数量差不多:总共7个汉语借词,仿字4个,仿译3个。

(二) 简表统计分析

下面,我们再用一个简表从整体上对(性状类常用词)基本无变异词常见变体(变体0)内部规约性手势、象似性手势和汉语借词三类手势的数量与占比进行统计分析。

表 3.2 三类手势在性状类基本无变异词中的数量与占比 (简表)

(性状类常用词基本无变异词 101 个)

		数量(个)		占比(%)	
规约性手势	纯手语词	76	94	75	93
象似性手势		18		18	
汉语借词		7		7	
合计		101			

表 3.2 显示,性状类常用词中的基本无变异词 101 个(变体 0 也是 101 个),这 101 个变体 0 中,规约性手势 76 个,占 75%;象似性手势 18 个,占 18%;汉语借词 7 个,占 7%。

可见,性状类常用词基本无变异词中,绝大部分都是纯手语词,这些纯手语词中,规约性手势占比远高于象似性手势(高了 57 个百分点),两者之和更是高达 93%;而汉语借词在其中的占比是比较低的,只有 7%。

规约性手势、象似性手势和汉语借词在 101 个基本无变异词中的占比,饼图展示如下:

图 3.1 显示,在 101 个性状类常用词中的基本无变异词中,规

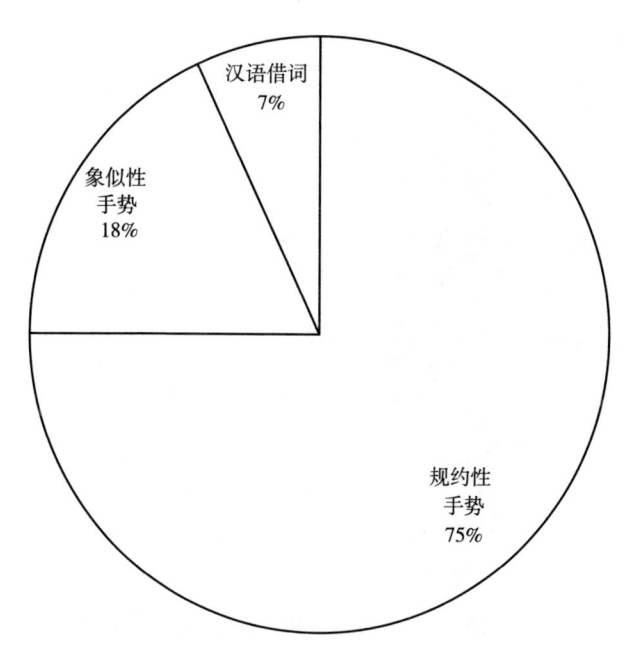

图 3.1 三类手势在 101 个基本无变异词中的占比

(性状类常用词中的基本无变异词 101 个)

约性手势的占比具有明显优势,远远高于象似性手势,两者之和更称得上是压倒优势;而汉语借词在其中的占比低,仅 7%。

规约性手势与象似性手势均为纯手语词,纯手语词与汉语借词在 101 个性状类常用词中的基本无变异词中的占比,柱形图展示如下:

图 3.2 显示,纯手语词在性状类常用词中的基本无变异词中高达 93%,占压倒优势;汉语借词在其中的占比低,仅 7%,这说明性状类常用词中的基本无变异词所受到的汉语影响不大。

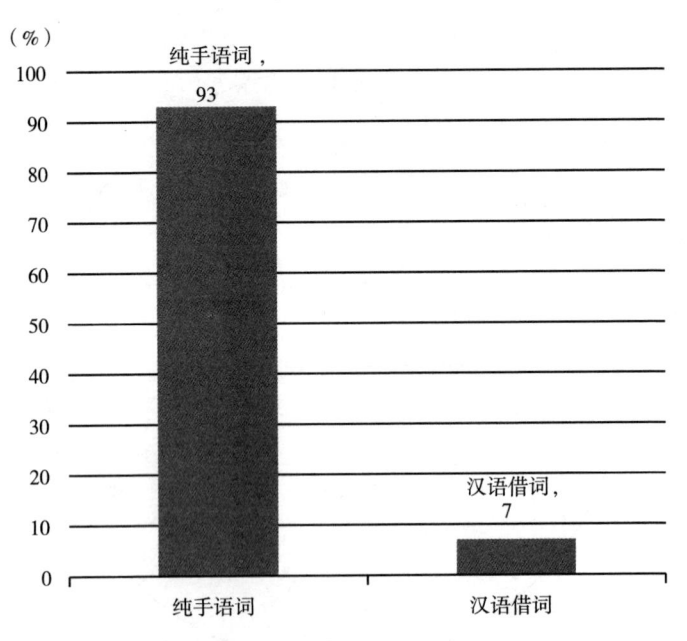

[图表：纯手语词 93，汉语借词 7]

图 3.2 纯手语词与汉语借词在 101 个基本无变异词中的占比
（性状类常用词中的基本无变异词 101 个）

(三) 小结

纯手语词在性状类常用词基本无变异词中占压倒优势，汉语借词在其中的占比低。

规约性手势在性状类常用词基本无变异词中居于明显优势地位：规约性手势的数量为象似性手势的 4 倍多，前者在基本无变异词中的占比相较于后者高出了 57 个百分点。

规约性手势中，隐喻类、空间量类和普通类在基本无变异词中的占比相差无几，提示类和价值类的占比要比前三者低。

象似性手势中，动仿是形仿的两倍多，而动仿中，身体动作模拟类在基本无变异词中的占比远高于操作模拟类；形仿中，抽象形仿类在基本无变异词中的占比远高于具体形仿类。

二 性状类有变异词构造类型及其数量、占比研究

204个性状类常用词中，有变异词103个（变体0也是103个），我们对这103个有变异词的常见变体（变体0）内部各种构造类型的数量与占比，先列详表，对各种构造类型的数量与占比进行具体详细的统计分析；再列简表，对三种主要构造类型的数量与占比从整体上予以统计分析，再以饼图展示规约性手势、象似性手势和汉语借词在性状类常用词中的有变异词中的占比，并以柱形图展示纯手语词与汉语借词在性状类常用词中的有变异词中的占比，以揭示中国手语性状类常用词中的有变异词的词汇构成面貌及其所受到的汉语影响。

(一) 详表统计分析 (各层级各类型)

下面，我们用一个详细的表格来对中国手语性状类常用词有变异词常见变体（变体0）内部各个层级各种结构类型的数量与占比进行统计分析。

表3.3 性状类有变异词中各类手势的数量与占比 (详表)

（性状类常用词有变异词103个，变体0也是103个）

词	手势类别 数量及百分比	规约性手势					象似性手势					汉语借词	
			普通	价值	隐喻	提示	空间量	形仿		动仿			书空	仿译
								普通	特殊	操作	身体	混合		
有变异词 (103个词)		36	9	24	6	2	1	4	7	5	0	2	7
								5		12				
			77					17					9	
			103												

续表

词 \ 手势类别 数量及百分比	规约性手势					象似性手势					汉语借词	
	普通	价值	隐喻	提示	空间量	形仿		动仿			书空	仿译
						普通	特殊	操作	身体	混合		
比率1（%）	35	9	23	6	2	1	4	7	5	0	2	7
							5		12			
比率2（%）	74.8					16.5					8.7	

说明：

1. 表中"有变异词"103个，常见变体（变体0）也是103个。

2. 表中"比率2"指规约性手势、象似性手势和汉语借词等三种手势在性状类有变异词全部常见变体（103个）中的占比，"比率1"则是指以上三种手势内部各个次类在性状类有变异词全部常见变体（103个）中的占比。

表3.3显示，103个有变异词中，规约性手势77个，占74.8%；象似性手势17个，占16.5%；汉语借词9个（书空2个，仿译7个），占8.7%。

规约性手势中，普通类最多，在全部103个词中占比高达36%；其次为隐喻类，也达到了24%；价值类和提示类较少，分别为9%和6%；最少的是空间量类，仅占2%。

象似性手势中，动仿是形仿的两倍多，两者在总量（全部103个词）中的占比分别为12%和5%，这与基本无变异词的情形差不多。动仿手势内部，操作模拟类略高于身体动作模拟类，前者为7%，后者为5%，这与基本无变异词中动仿手势内部的构成情况有很大的不同：基本无变异词中身体动作模拟类的占比要远高于操作模拟类。而形仿手势中，抽象形仿类远高于具体形仿类，前者为4%，后者为1%，这与基本无变异词中形仿手势的情况又是完全一样的。

汉语借词中，书空2个，仿译7个（总共9个），可见性状类常用词有变异词中的汉语借词以仿译为主。

(二) 简表统计分析

下面，我们再用一个简表从整体上对中国手语性状类常用词有变异词常见变体（变体0）内部各种结构类型的数量与占比进行统计分析。

表 3.4 性状类常用词有变异词中各类手势的数量与占比（简表）

（性状类常用词有变异词 103 个，变体 0 也是 103 个）

		数量（个）		占比（%）	
规约性手势	纯手语词	77	94	75	91
象似性手势		17		16	
汉语借词		9		9	
合计		103			

表 3.4 显示，性状类常用词有变异词 103 个，规约性手势 77 个，占 75%；象似性手势 17 个，占 16%；汉语借词 9 个，占 9%。

可见，跟性状类常用词基本无变异词一样，性状类常用词有变异词绝大部分也是纯手语词，这些纯手语词（象似性手势与规约性手势之和）的占比高达 91%；而汉语借词在其中占比还是很低的，只有 9%。

另外，有变异词中规约性手势的数量算下来为象似性手势的四倍之多，其占比远高于象似性手势（高了 58 个百分点），这与基本无变异词中的情况高度一致。

象似性手势、规约性手势和汉语借词在这 103 个有变异词中的占比，饼图展示如图 3.3。

图 3.3 显示，在 103 个性状类常用词中的有变异词中，规约性手势的占比居于明显优势，远高于象似性手势，两者之和更是占压倒优势；而汉语借词在其中的占比低，仅 9%。这与上文基本无

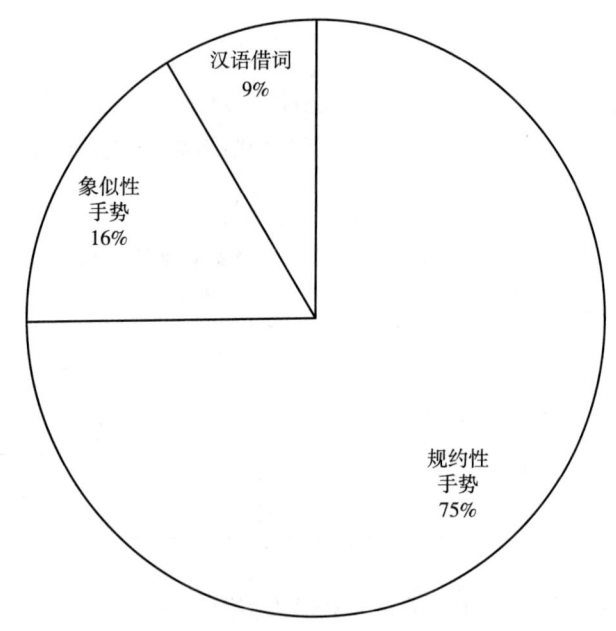

图中饼图:
- 汉语借词 9%
- 象似性手势 16%
- 规约性手势 75%

图 3.3　三类手势在 103 个有变异词中的占比

(性状类常用词中的有变异词 103 个)

变异词的情形一致。

规约性手势与象似性手势均为纯手语词，纯手语词与汉语借词在 103 个性状类常用词中的有变异词的占比，如图 3.4 所示。

图 3.4 显示，纯手语词在性状类常用词有变异词中占压倒优势，高达 91%；汉语借词在其中的占比低，仅 9%，这说明性状类常用词有变异词所受到的汉语影响不大。这也与上文基本无变异词的情形一致。

(三) 小结

纯手语词在性状类常用词有变异词中占压倒优势，汉语借词在其中的占比低。这与上文基本无变异词的情形一致。

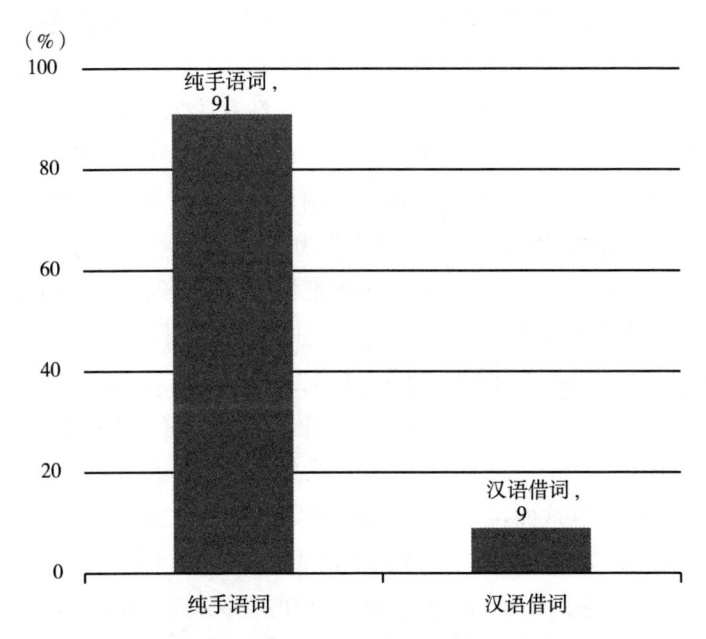

图 3.4　纯手语词与汉语借词在 103 个有变异词中的占比
（性状类常用词中的有变异词 103 个）

规约性手势在性状类常用词有变异词中居于明显优势地位。这与上文基本无变异词的情况高度一致。

规约性手势中，普通类最多，其次为隐喻类，价值类和提示类较少，最少的是空间量类。这与基本无变异词中的情况有所不同。

象似性手势中，动仿是形仿的两倍多，这与基本无变异词的情形差不多。动仿内部，操作模拟类略高于身体动作模拟类，这与基本无变异词中动仿手势内部的构成情况有很大的不同（基本无变异词中身体动作模拟类的占比要远高于操作模拟类）。而形仿中，抽象形仿类远高于具体形仿类，这与基本无变异词中形仿手势的情况又是完全一样的。

三　中国手语性状类常用词词汇构成研究

性状类常用词的词汇构成，指的是性状类常用词词汇是由哪些类型的词所构成以及性状类常用词中各种类型的词相互之间的数量配比关系如何，亦即性状类常用词中各种不同构造类型的词的数量与占比，以及它们在性状类常用词中的分布状况等。

关于中国手语性状类常用词的词汇构成，上面两节已从细处做了数据统计和描写说明，本节是从整体上进行考察，即考察纯手语词与汉语借词在性状类常用词中的分布状况，亦即通过对204个性状类常用词（变体0也是204个）中的纯手语词与汉语借词进行统计分析，描写它们在这204个变体0中的分布状况，从而揭示中国手语性状类常用词的词汇构成面貌，同时考察其所受汉语影响的程度。

整体而言性状类常用词的词汇构成大体上可以分为以下两个层面：(1) 由纯手语词与汉语借词所构成的性状类常用词；(2) 由规约性手势与象似性手势所构成的（性状类）纯手语词。下面，我们就分别从这两个层面来研究中国手语性状类常用词的词汇构成面貌。

（一）纯手语词与汉语借词在性状类常用词中的数量、占比与分布研究

由纯手语词与汉语借词构成性状类常用词，属于层面A（即词汇构成的最高层面）。在这个层面我们将对纯手语词与汉语借词在性状类常用词全部变体0中的数量与占比进行统计分析，并对两者在性状类常用词中的分布状况进行描写与研究。

1. 纯手语词与汉语借词在性状类常用词中的数量、占比统计分析

性状类常用词204个变体0中，纯手语词与汉语借词的数量与占比，列表统计如下：

表 3.5　性状类常用词中纯手语词与汉语借词的数量与占比

（204 个性状类常用词，变体 0 也是 204 个）

		纯手语词	汉语借词	合计
基本无变异词 （101 个）	变体 0 数量（个）	94	7	101
	占比（%）	93	7	
有变异词 （103 个）	变体 0 数量（个）	94	9	103
	占比（%）	91	9	
合计	变体 0 数量（个）	188	16	204
	占比（%）	92	8	

从表 3.5 可以看出，无论是基本无变异词，还是有变异词，性状类常用词的常见变体（变体 0）中，纯手语词都可以说占了压倒优势；而汉语借词在其中的占比都比较低，均在 10% 以下。

图 3.5 就直观地显示出纯手语词与汉语借词在性状类常用词中所占比例的巨大差别：

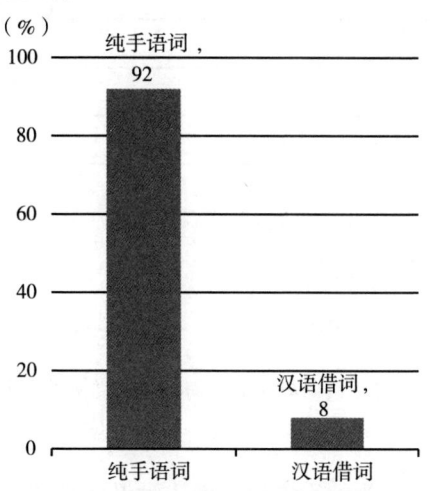

图 3.5　纯手语词与汉语借词在性状类常用词中的占比

（204 个性状类常用词，变体 0 也是 204 个）

图 3.5 显示，纯手语词在性状类常用词中占比高达 92%，占压倒优势；汉语借词在其中占比只有 8%。两者在性状类常用词中的占比差距很大。

2. 纯手语词与汉语借词在性状类常用词中的分布特点研究

纯手语词与汉语借词在性状类常用词中的基本无变异词和有变异词中的分布趋势是基本一致的，下面这个纯手语词与汉语借词在性状类常用词 204 个变体 0 中的分布折线图，清楚地展示出这种的趋势：

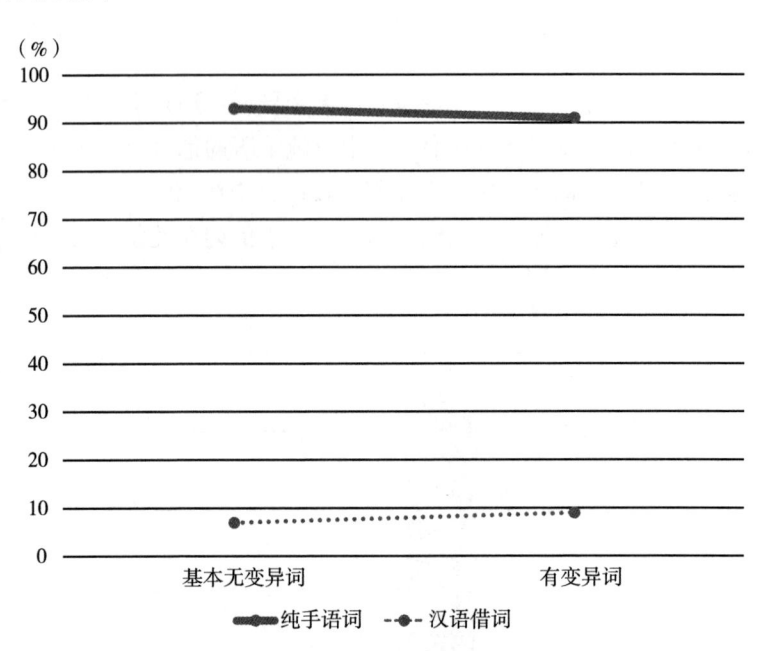

图 3.6　纯手语词与汉语借词在性状类常用词中的分布

（204 个性状类常用词，变体 0 也是 204 个）

图 3.6 中实线为纯手语词，虚线为汉语借词。图 3.6 显示：

（1）纯手语词与汉语借词在性状类常用词中的基本无变异词和有变异词中的分布趋势基本上是一致的，纯手语词在两者中均占压倒优势；而汉语借词在两者中的占比均较低，均在10%以下。

（2）从基本无变异词到有变异词，纯手语词与汉语借词在性状类常用词中的比率分布走势基本持平，前者持续居高，略有下降；后者持续居低，略有上升。

3. 性状类常用词中各类汉语借词的数量与占比统计分析

下面，通过比较性状类常用词中各类汉语借词的数量与占比，来分析汉语影响中国手语性状类常用词的主要方式。

表 3.6　　　性状类常用词中各类汉语借词的数量与占比

（性状类常用词 204 个）

词＼类型＼数量	仿译	仿字	书空	合计
基本无变异词（101 个）	3	4	0	7
有变异词（103 个）	7	0	2	9
合计（个）	10	4	2	16
比率 1（在全部 204 个词中的占比）（%）	5	2	1	
比率 2（在 16 个汉语借词中的占比）（%）	63	25	13	

表 3.6 显示，性状类基本无变异词中，汉语借词 7 个（仿字 4 个，仿译 3 个）；有变异词中，汉语借词 9 个（书空 2 个，仿译 7 个），仿译词在全部性状类常用词（204 个）中占 5%，在性状类常用词全部汉语借词（16 个）中占 63%。仿字在全部性状类常用词（204 个）中占 2%，在性状类常用词全部汉语借词（16 个）中占 25%。这说明汉语对中国手语性状类常用词有一定的影响，但是影响不大，而汉语影响中国手语性状类常用词的主要方式为仿译，其次为仿字。

（二）规约性手势与象似性手势在纯手语词中的数量、占比与分布研究

由规约性手势与象似性手势构成性状类纯手语词，属于层面 B（即性状类词词汇构成的第二层，居于层面 A 之下）。在这个层面我们将对规约性手势与象似性手势在性状类纯手语词中的数量与占比进行统计分析，并对两者在性状类纯手语词中的分布状况进行描写与研究。

1. 规约性手势与象似性手势在纯手语词中的数量、占比统计分析

性状类纯手语词 188 个变体 0[①] 中，规约性手势与象似性手势的数量与占比，列表统计如下：

表 3.7 性状类纯手语词中规约性手势与象似性手势的数量与占比

（性状类纯手语词 188 个变体 0）

		规约性手势	象似性手势	合计
基本无变异词	变体 0 数量（个）	76	18	94
	占比（%）	81	19	
有变异词	变体 0 数量（个）	77	17	94
	占比（%）	82	18	
合计	变体 0 数量（个）	153	35	188
	占比（%）	81	19	

从表 3.7 中可以看出，无论是基本无变异词，还是有变异词，性状类纯手语词中，规约性手势的占比均远远高于象似性手势。而且两者在基本无变异词和有变异词中的比率分布几乎完全一致。[②]

---

① 204 个变体 0，去掉 16 个汉语借词，就是 188 个纯手语词：204-16=188。
② 仅有些许差别，上下浮动一个百分点，几乎可以忽略不计。

整体而言，规约性手势在188个性状类纯手语词中占比高达81%，而象似性手势仅占19%，两者之间相差了62个百分点，前者的数量是后者的4.4倍，差别可谓悬殊。

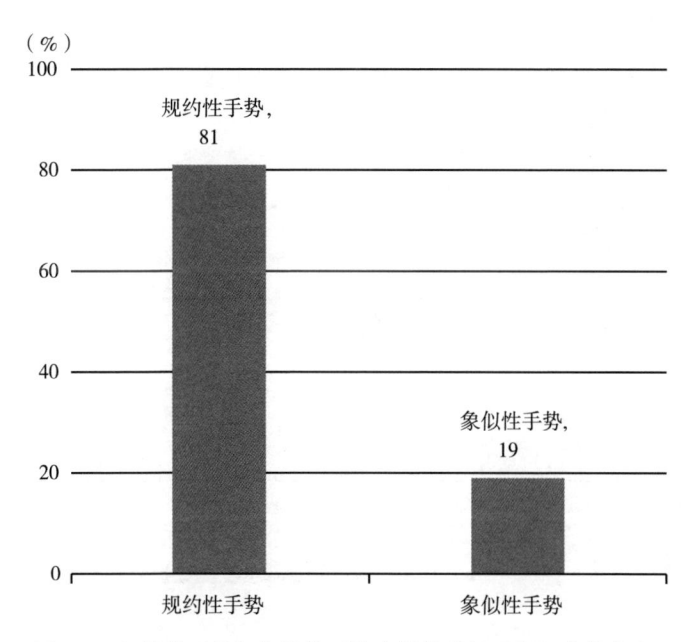

图3.7就直观地显示出了该特点：

图3.7　规约性手势与象似性手势在性状类纯手语词中的占比
（性状类纯手语词188个变体0）

图3.7显示，规约性手势在188个性状类纯手语词中占比高达81%，而象似性手势仅占19%，两者之间相差了62个百分点，此处差别之大，确实显得很突出。性状类常用词中规约性手势与象似性手势的数量对比之悬殊，跟本书接下来第四章要研究的"动作类"常用词所表现出来的情况是截然不同的，跟第五章要研究的"社会文化类"常用词也有所区别。

性状类常用词中规约性手势远高于象似性手势，究其原因，很可能是因为性状类词在语义上相对抽象，大多无"形"可

"象",而且通常跟具体动作的关系也不大,因此,性状类词中有相当一部分是不便于模拟的,从而导致表性状的首选方式不是形仿或动仿,而任意性较强的规约性手势则刚好满足需要,应运而生。

2. 规约性手势与象似性手势在纯手语词中的分布特点研究

图 3.8 直观地反映了规约性手势与象似性手势在性状类纯手语词 188 个变体 0 中的分布情况:

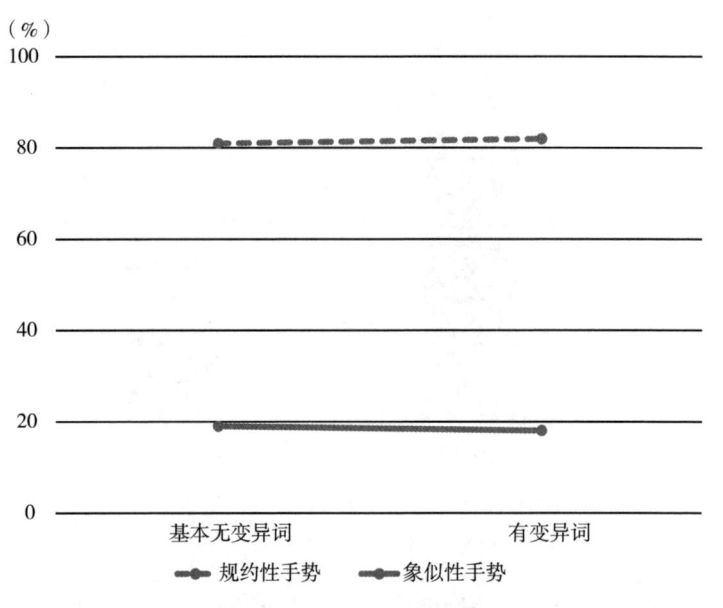

图 3.8 规约性手势与象似性手势在性状类纯手语词中的分布
(性状类纯手语词 188 个变体 0)

图 3.8 中虚线为规约性手势,实线为象似性手势。图 3.8 显示:

(1) 无论是在基本无变异词还是在有变异词中,规约性手势的占比均远高于象似性手势,两者比率相差巨大。

(2) 从基本无变异词到有变异词,两者在性状类纯手语词中的占比走势基本持平，一个始终居高，一个始终偏低。

(三) 小结

纯手语词与汉语借词在性状类常用词基本无变异词和有变异词中的分布趋势基本一致，纯手语词在两者中均可以说是占压倒优势，而汉语借词在两者中的占比均较低，不足10%。中国手语性状类常用词中有一定数量的汉语借词，说明其受到了汉语一定的影响，但是，就整体而言，影响不大。汉语影响中国手语性状类常用词的主要方式为仿译。

性状类纯手语词中，规约性手势的占比远高于象似性手势，而且两者在基本无变异词和有变异词中的比率分布几乎完全一致，从基本无变异词到有变异词，两者在性状类纯手语词中的占比走势基本持平，一个始终居高，一个始终偏低。造成这种情况的原因，很有可能是由于性状类词在语义上相对抽象，其中有相当一部分是不便于模拟的，从而导致表性质或状态的首选方式不是形仿或动仿，而是任意性较强的规约性手势。

四 中国手语性状类常用词变异性研究

各类手势在基本无变异词和有变异词中的占比，在一定程度上反映了它们的稳定性和变异性：某类手势在基本无变异词中占比越高，说明其稳定性越强；反之，在有变异词中占比越高，则说明其变异性越大。204个性状类常用词中，基本无变异词101个，有变异词103个，差不多各占50%，可见性状类常用词有一半保持基本稳定，而另一半则出现了变异，这说明整体而言中国手语性状类常用词既有稳定性又有变异性。

下面我们就通过各类手势在性状类基本无变异词和有变异词中的数量与占比，进一步详细分析中国手语性状类常用词内部各类手势的具体变异情况。

综合表 3.1 和表 3.3，得到表 3.8：

表 3.8　　　　各类手势在性状类基本无变异词和
有变异词中的数量与占比

词 \ 数量及百分比 \ 手势类别	规约性手势					象似性手势						汉语借词	
	普通	价值	隐喻	提示	空间量	形仿		动仿			仿字	仿译
						具体	抽象	操作	身体	混合		
基本无变异词 （101 个词）	17	9	21	11	18	1	4	3	10	0	4	3
						5		13				
	76					18						7	
	101											
比率 1（%）	17	9	21	11	18	1	4	3	10	0	4	3
						5		13				
比率 2（%）	75					18						7	
有变异词 （103 个词）	36	9	24	6	2	1	4	7	5	0	2	7
						5		12				
	77					17						9	
	103											
比率 3（%）	35	9	23	6	2	1	4	7	5	0	2	7
						5		12				
比率 4（%）	75					17						9	

说明：

1. 表中"比率 2"指规约性手势、象似性手势和汉语借词等三种手势在性状类基本无变异词全部常见变体（101 个）中的占比，"比率 1"则是指以上三种手势内部各个次类在性状类基本无变异词全部常见变体（101 个）中的占比。

2. 表中"比率 4"指规约性手势、象似性手势和汉语借词等三种手势在性状类有变异词全部常见变体（103 个）中的占比，"比率 3"则是指以上三种手势内部各个次类在性状类有变异词全部常见变体（103 个）中的占比。

表 3.8 显示，规约性手势在基本无变异词和有变异词中的占比一样，均为 75%；象似性手势在基本无变异词和有变异词中的占比分别为 18% 和 17%，差别不大；汉语借词在基本无变异词和有变异词中的占比分别为 7% 和 9%，差别也不大。这说明常用性状词中的规约性手势、象似性手势和汉语借词三个大类均与其整体情况保持一致：既有稳定性又有变异性，且差不多都是一半稳定，一半变异。

但是，三大类内部各个小类的稳定性则是不平衡的。其中象似性手势和规约性手势中的价值类及隐喻类，与整体情况一致或基本一致。变异最小（稳定性最强）的是规约性手势中的空间量类，提示类次之。变异最大的是规约性手势中的普通类，汉语借词内部各小类的变异也比较大。另外，动仿内部的操作模拟类和身体动作模拟类与整体情况也不一致：操作模拟类变异较大；而身体动作模拟类则恰恰相反，变异较小。具体情况如下：

规约性手势中的价值类和隐喻类与整体情况一致或基本一致。价值类在基本无变异词和有变异词中的占比均为 9%，完全一样；隐喻类分别为 21% 和 23%，基本持平。

象似性手势也与整体情况一致或基本一致。动仿手势在基本无变异词和有变异词中的占比分别为 13% 和 12%，基本持平。而形仿手势（包括其内部的具体形仿类和抽象形仿类）在基本无变异词和有变异词中的占比竟然是完全一样的：形仿（5%，5%），具体形仿类（1%，1%），抽象形仿类（4%，4%）。

但是动仿内部的操作模拟类和身体动作模拟类与整体情况不一致：操作模拟类变异较大，在基本无变异词中的占比分别为 3% 和 7%；而身体动作模拟类则恰恰相反，变异较小，在基本无变异词和有变异词中的占比分别为 10% 和 5%。

变异最大的是规约性手势中的普通类，在基本无变异词和有变异词中的占比分别为 17% 和 35%，在有变异词中的占比远比在基本无变异词中的占比高，说明其变异之大。

变异最小的是规约性手势中的空间量类，在基本无变异词和有变异词中的占比分别为18%和2%，说明其变异很小，是性状类常用词中稳定性最强的。提示类的稳定性次之，在基本无变异词和有变异词中的占比分别为11%和6%，说明其变异也比较小。

理据性和象似性越强的手势，语义透明度越高，在手语中也就越容易被"就地取材"，这类手势相应地就会具有较强的普适性，从而导致其稳定性就会相对强一些，而其变异性也就会相对小一些。所谓"远取诸物，近取诸身"，可以说是手语中手势构建所遵循的原则之一。形仿即"远取诸物"，动仿即"近取诸身"，而规约性手势中那些具有理据性的小类，尤其是空间量类（用手势对空间量及其增减变化的一种比划），也遵循"近取诸身"的原则。

性状类常用词中规约性手势普通类的变异最大。究其原因，很可能与普通类手势的特点有关：普通类是本无理据性或者原本有理据但是其理据早已随着时间而湮灭的手势，这类手势的任意性最强，因而其发生变异的可能性也就最大。

性状类常用词中相对来说变异较小、稳定性较强的是规约性手势中的空间量类和提示类，以及象似性手势中的身体动作模拟类。究其原因，很可能是因为：

（1）空间量类是规约性手势中理据性最强的，空间量类手势通过模拟某种相对的空间量及其增减变化来表示长短、宽窄、高矮等"空间量"义，取材方便，语义透明度较高，大多为聋、听通用手势，在口语中常常以辅助性的副语言特征的形式出现。提示类也有一定的理据性，但远不如空间量类的理据性强，语义透明度也远不及空间量类，相应地提示类的稳定性要低于空间量类。

(2)象似性手势中的身体动作模拟类（动仿），本质上就是被纳入中国手语词汇系统的哑剧式比划，语义透明度高，具有很强的普适性，均为聋、听通用（至少是聋、听均能理解的）手势。当人们用口语表达感觉到言不尽意时，或者兴之所至情不自禁时也难免会手舞足蹈，模拟身体动作或姿势的哑剧式比划常常会伴随口语出现。只是其在口语为副语言特征，在手语则为真正的语言符号——词，是被纳入中国手语词汇系统中的正式成员。

五 本章小结

纯手语词与汉语借词在性状类常用词中的基本无变异词和有变异词中的分布趋势基本一致，纯手语词在两者中均可以说是占压倒优势，而汉语借词在两者中的占比均较低，不足10%。这就说明整体而言中国手语性状类常用词所受汉语影响不大。汉语影响中国手语性状类常用词的主要方式为仿译，其次为仿字。

性状类纯手语词中，规约性手势的占比远高于象似性手势，而且两者在基本无变异词和有变异词中的比率分布几乎完全一致，从基本无变异词到有变异词，两者在性状类纯手语词中的占比走势基本持平，一个始终居高，一个始终偏低。究其原因，很可能是因为性状类词在语义上相对抽象，大多无"形"可"象"，而且通常跟具体动作的关系也不大，因此性状类词中有相当一部分是不便于模拟的，从而导致表性状的首选方式不是形仿或动仿，而任意性较强的规约性手势则刚好满足需要，应运而生。

整体而言，中国手语性状类常用词既有稳定性又有变异性，而且其中的规约性手势、象似性手势和汉语借词三个大类均与其整体情况保持一致，既有稳定性又有变异性，但是，三大类内部各个小类的稳定性则是不平衡的：变异最小（稳定性最强）的是规约性手势中的空间量类，提示类次之；变异最大的是规约性手势中的普通类，汉语借词内部各小类的变异也比较大。变异的程度似与手势的任意性程度有关，理据性和象似性越强，手势就越稳定；而任意性越强，手势则越容发生变异。

第四章

中国手语动作类常用词构造类型分布及变异性研究

引言

中国手语词汇数据库中标注为"动作类"的常用词总共 138 个，经过整理，去掉 19 个不合适的手势：不确定手势 1 个、词组 2 个、名词 1 个、副词 1 个、形容词 14 个，保留其中表示动作、行为或心理状态的常用词 119 个，6902 个手语词视频。虽然从语义来看，范围并不完全局限于具体动作类，但是考虑到它们大多还是属于动作类词，同时也是为了与原始语料保持一致以方便查阅和比较，因此本书仍然沿用语料库中原始语料的标注方式，将其称为"动作类"常用词。

根据这 119 个动作类常用词在语料中所体现的变体情况，我们将其分为以下两类：一是基本无变异词 57 个；二是有变异词 62 个。前者指的是基本上没有变异的词，即只有或基本上只有一个变体的词，也就是有且只有一个常见变体、无次常见变体（但不排除罕见变体）的词。后者指的是有变异的词，也就是既有常见变体又有次常见变体，或者有不止一个常见变体（同时还可能有罕见变体）的词。

本章拟从构造类型及数量与占比两个方面对中国手语动作类常用词中的基本无变异词和有变异词常见变体（变体 0）进行研究，分析其内部各种构造类型并统计分析这些构造类型在基本无变异词和有变异词中的数量与占比。再对中国手语动作类常用词的构造类型及数量与占比进行一个综合的整体研究。在此基础之上再进一步描写、分析和探讨中国手语动作类常用词的词汇构成面貌，以期揭示中国手语动作类常用词的构造特点、各种构造类型在基本无变异词和有变异词中的数量与占比及其分布状况，以及动作类常用词的词汇构成特点、所受汉语影响的程度以及汉语影响它的方式。

另外，需要说明的是，本书主要研究中国手语词的常见变体和次常见变体，尤其将重点放在常见变体上，所有数据统计均忽略词的罕见变体。本章只统计中国手语词的常见变体。常见变体即变体0，本书为行文方便，正文中通常不标某词的"变体0"（而直接以某词称之）。①

一 动作类基本无变异词的构造类型及其数量、占比研究

(一) 动作类基本无变异词各种构造类型的具体归类情况

119个动作类常用词中，基本无变异词57个。其中汉语借词3个，象似性手势30个，规约性手势24个，详列如下：

汉语借词3个：关心、敢、感觉

象似性手势30个：

1. 形仿4个：相信、挂、看、哭

2. 动仿26个：

(1) 操作类15个：

拉、推、拿、给、扔、提、捡、写、敲、摸、握、系、选择、

---

① 次常见变体（及罕见变体）则根据各词的具体情况依次标为"变体1、变体2、变体3……"，等等。

学习、接受

（2）身体类 8 个：

A. 常规型 6 个：运动、跑、喊、睡、爬、求

B. 辅助加强型 2 个：吞、吃药

（3）混合类 3 个：吃、喝、吃饭

规约性手势 24 个：

1. 普通类 19 个：

（1）含类标记 14 个：

死、爱、起床、走、跳、跳高、跳远、站、跪、躺、退、坐、做梦、生（孩子）

（2）不含类标记 5 个：笑、说、喜欢、误会、希望

2. 价值类 0 个

3. 隐喻类 1 个：坚持

4. 提示类 4 个：知道、想、觉得、记得

（二）动作类基本无变异词各种构造类型数量、占比统计分析

119 个动作类常用词中，基本无变异词 57 个，我们对这 57 个基本无变异词的常见变体（变体 0）内部各种构造类型的数量与占比，先列详表，对各种构造类型的数量与占比进行具体详细的统计分析；再列简表，对各种构造类型的数量与占比从整体上予以统计分析，再以饼图展示规约性手势、象似性手势和汉语借词在动作类常用词基本无变异词中的占比，并以柱形图展示纯手语词与汉语借词在动作类常用词基本无变异词中的占比，以揭示中国手语动作类常用词基本无变异词的词汇构成面貌及其所受到的汉语影响。

1. 详表统计分析（具体来看）

下面我们用一个详细的表格来对（动作类常用词）基本无变异动词内部各个层级各种结构类型的数量与占比进行统计分析。

表 4.1 动作类基本无变异词中各类手势的数量与占比（详表）

（动作类基本无变异词 57 个）

动词	手势类别 数量及百分比	规约性手势					象似性手势					汉语借词	
		普通	价值	隐喻	提示	空间量	形仿		动仿			仿字	仿译
							普通	特殊	操作	身体	混合		
无变异的词 （57 个词）		19	0	1	4	0	2	2	15	8	3	0	3
								4	26				
		24					30					3	
		57												
比率 1（%）		36	0	2	7	0	3.5	3.5	26	14	5	0	5
								7	46				
比率 2（%）		42					53					5	

说明：

1. 表中"无变异的词"57 个，常见变体（变体 0）也是 57 个。

2. 表中"比率 2"指规约性手势、象似性手势和汉语借词等三种手势在动作类无变异词全部常见变体（57 个）中的占比，"比率 1"则是指以上三种手势内部各个次类在动作类无变异词全部常见变体（57 个）中的占比。

表 4.1 显示，57 个无变异词中，规约性手势 24 个，占 42%；象似性手势 30 个，占 53%，规约性手势占比要低于象似性手势（低了 11 个百分点），但是整体而言仍然可以说两者大体上还是平衡的。两者相加的纯手语词则占绝对优势，汉语借词在其中仅占 5%。汉语借词 3 个，均为仿译。

规约性手势中，普通类最多，在总量（全部 57 个变体 0）中占 36%；无价值类和空间量类；其余两类（隐喻类和提示类）则很少，在总量中分别占 2% 和 7%。

象似性手势中，动仿最多，在总量（全部 57 个变体 0）中占 46%；形仿很少，在总量中占 7%。而动仿手势中，操作类最多，在总量中占 26%；身体类次之，在总量中占 14%；混合类特别少，在总量中占 5%。

规约性手势中普通类最多，象似性手势中动仿最多，形仿很少，而动仿手势中，操作类最多，身体类次之，混合类特别少。

2. 简表统计分析（整体来看）

下面我们再用一个简表从整体上对（动作类常用词）基本无变异词内部规约性手势、象似性手势和汉语借词三类手势的数量与占比进行统计分析。

表 4.2　三类手势在动作类基本无变异词中的数量与占比（简表）

（动作类基本无变异词 57 个）

		数量（个）		占比（%）	
规约性手势	纯手语词	24	54	42	95
象似性手势		30		53	
汉语借词		3		5	
合计		57		100	

表 4.2 显示，动作类常用词基本无变异词 57 个（变体 0 也是 57 个），这 57 个变体 0 中，规约性手势 24 个，占 42%；象似性手势 30 个，占 53%；汉语借词 3 个，占 5%。

可见，动作类常用词基本无变异词中，绝大部分都是纯手语词，这些纯手语词中，象似性手势占比要高于规约性手势（高了 11 个百分点），两者之和更是高达 95%，可以说占绝对优势；而汉语借词在其中占比极低，仅占 5%。

规约性手势、象似性手势和汉语借词在 57 个基本无变异词中的占比，饼图展示如图 4.1。

图 4.1 显示，在 57 个动作类常用词基本无变异词中，象似性手势和规约性手势两者几乎平分天下（象似性手势占比略高于规约性手势），而汉语借词占比极低，几乎可以忽略不计。

规约性手势与象似性手势均为纯手语词，纯手语词与汉语借词在 57 个动作类常用词基本无变异词中的占比，柱形图展示如图 4.2：

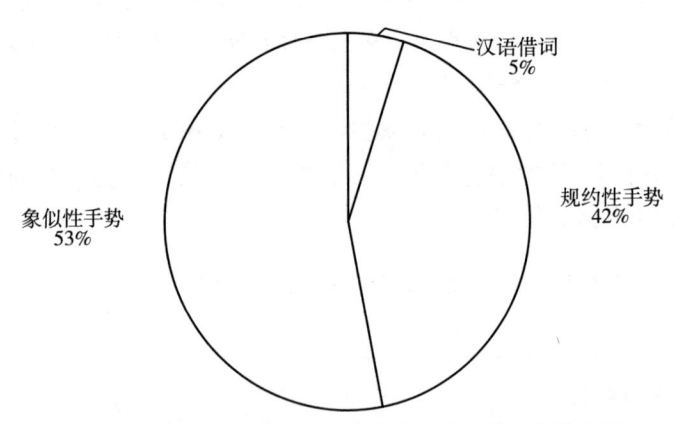

图 4.1 **各类手势在 57 个动作类基本无变异词中的占比**
（动作类基本无变异词 57 个）

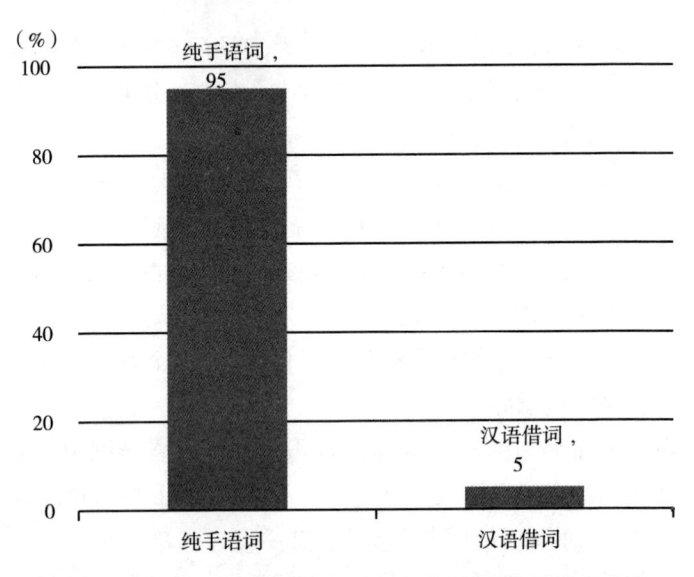

图 4.2 **纯手语词与汉语借词在动作类基本无变异词中的占比**
（动作类基本无变异词 57 个）

图 4.2 显示，纯手语词在动作类常用词基本无变异词中占绝对优势，汉语借词在其中占比极低，这就说明动作类常用词基本无变异词所受到的汉语影响微乎其微。

(三) 小结

动作类常用词基本无变异词中，象似性手势和规约性手势两者几乎平分天下（象似性手势占比略高于规约性手势），而汉语借词占比极低，几乎可以忽略不计。

规约性手势中普通类最多，象似性手势中动仿最多，形仿很少，而动仿手势中，操作类最多，身体类次之，混合类特别少。

二 动作类有变异词的构造类型及其数量、占比研究

(一) 动作类有变异词各种构造类型的具体归类情况

119 个动作类常用词中有变异词 62 个，变体 0 则有 63 个。其中汉语借词 2 个，象似性手势 31 个，规约性手势 28 个，再加上有两个变体 0 的词 1 个（即"对不起"，它的两个变体 0 分属象似性手势身体类和规约性手势普通类），总共 63 个变体 0，详列如下：

有两个变体 0 的 1 个：对不起

汉语借词 2 个：不同意、理解

象似性手势 31 个：

1. 形仿 2 个：怀孕、没关系

2. 动仿 29 个：

（1）操作类 17 个：

要、拿、抓、埋、挖、擦、打、放、缝、盖、骑车、骑马、按摩、打包、握手、飞（鸟飞）、刺（用刀）

(2) 身体类 12：

常规型 8 个：跳舞、游泳、听、害怕、期望、挑、抱、打哈欠

辅助加强型 4 个：咬、闻、呼吸、吹蜡烛

(3) 混合类 0 个

规约性手势 28 个：

1. 普通类 23 个：

(1) 含类标记的 6 个：舔、踢、靠、追赶、控制、滚（滚出去）

(2) 不含类标记的 17 个：

不喜欢、回忆、愿意、担心、嫉妒、吃亏、决定、靠近、了解、注意、唱歌、骂、烦、陪、转、滚、贴

2. 价值类 2：怀疑、恨

3. 隐喻类 3：

状态隐喻 3：猜、数数、消化

空间隐喻 0

4. 提示类 0

（二）动作类有变异词各种构造类型数量、占比统计分析

119 个动作类常用词中，有变异词 62 个（变体 0 共 63 个），我们对这 62 个有变异词的 63 个常见变体（变体 0）内部各种构造类型的数量与占比，先列详表，对各种构造类型的数量与占比进行具体详细的统计分析；再列简表，对各种构造类型的数量与占比从整体上予以统计分析，再以饼图展示规约性手势、象似性手势和汉语借词在动作类常用词有变异词中的占比，并以柱形图展示纯手语词与汉语借词在动作类常用词有变异词中的占比，以揭示中国手语动作类常用词有变异词的词汇构成面貌及其所受到的汉语影响。

1. 详表统计分析（具体来看）

下面，我们用一个详细的表格来对中国手语动作类常用词有

变异动词内部各个层级各种结构类型的数量与占比进行统计分析。

表 4.3　动作类有变异词中各类手势的数量与占比（详表）

（动作类有变异词 62 个，变体 0 共 63 个）

动词\数量及百分比	手势类别		规约性手势					象似性手势					汉语借词	
			普通	价值	隐喻	提示	空间量	形仿		动仿			仿字	仿译
								普通	特殊	操作	身体	混合		
有变异词（62 个词）	普通类		23	2	3	0	0	2	0	17	12	0	1	1
								2		29				
			28					31					2	
			61											
	特殊类		1	0	0	0	0	0	0	0	1	0	0	0
			1					1					0	
			2											
变体 0 小计			29					32					2	
变体 0 总计			63											
比率 1（%）			38	3	5	0	0	3	0	27	21	0	0	3
								3		48				
比率 2（%）			46					51					3	

说明：

1. 表中"有变异词"，其中"普通类"指虽有变异但常见变体（变体 0）只有一个，"特殊类"则是指有变异且常见变体（变体 0）不止一个的词。

2. 表中"有变异词"62 个，其中普通类 61 个，常见变体（变体 0）也是 61 个；特殊类 1 个，常见变体（变体 0）2 个，因此"有变异词"常见变体（变体 0）总共 63 个。

表 4.3 中"比率 2"指规约性手势、象似性手势和汉语借词等三种手势在动作类有变异词全部常见变体（63 个）中的占比，"比率 1"则是指以上三种手势内部各个次类在动作类有变异词全部常见变体（63 个）中的占比。

从表 4.3 可以看出，62 个有变异的词（63 个变体 0）中，汉语借词 2 个（仿字、仿译各 1 个），占 3%；而规约性手势与象似性手势（手语固有词）加起来 61 个，占 97%，可见，这 62 个有变异的词所受汉语影响极小。

62 个有变异的词（63 个变体 0）中，规约性手势 29 个，占 46%；象似性手势 32 个，占 51%，可见，手语固有词中规约性手势与象似性手势在数量上大体平衡，前者略低于后者（低了 5 个百分点）。

规约性手势中，普通类最多，在总量（全部 63 个变体 0）中占 38%；无提示类和空间量类；其余两类（价值类和隐喻类）也很少，在总量中分别占 3% 和 5%。

象似性手势中，动仿最多，在总量（全部 63 个变体 0）中占 48%；形仿很少，在总量中占 3%。而动仿手势中，操作类最多，在总量中占比达到了 27%；身体类次之，在总量中占 21%；无混合类。

规约性手势中普通类最多，无提示类和空间量类，其余两类（价值类和隐喻类）也很少；象似性手势中动仿最多，形仿很少，而动仿手势中，操作类最多，身体类次之，无混合类。

2. 简表统计分析（整体来看）

下面，我们再用一个简表从整体上对中国手语动作类常用词有变异词内部各种结构类型的数量与占比进行统计分析。

表 4.4　动作类有变异词中各类手势的数量与占比（简表）

（动作类有变异词 62 个，变体 0 共 63 个）

		数量（个）		占比（%）	
规约性手势	纯手语词	29	61	46	97
象似性手势		32		51	
汉语借词		2		3	
合计		63			

表 4.4 显示，动作类常用词有变异词 62 个（变体 0 则有 63 个）。这 63 个常见变体中，规约性手势 29 个，占 46%；象似性手势 32 个，占 51%；汉语借词 2 个，占 3%。

可见，跟基本无变异词一样，动作类常用词有变异词绝大部分为纯手语词，且这些纯手语词的占比更是高达 97%（象似性手势与规约性手势之和），完全处于绝对优势；而汉语借词在其中占比极低，仅占 3%。

另外，象似性手势占比略高于规约性手势（高了 5 个百分点），两者在有变异词中所占比例更为接近。

象似性手势、规约性手势和汉语借词在这 63 个变体 0 中的占比，以饼图展示如下：

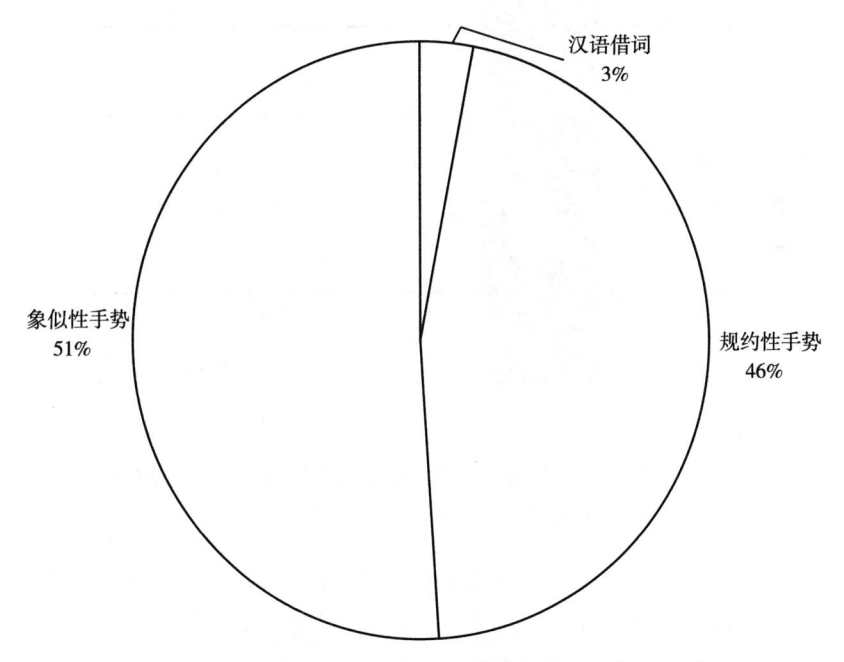

图 4.3　各类手势在动作类有变异词变体 0 中的占比

（动作类有变异词 62 个，变体 0 则有 63 个）

图 4.3 显示，在 62 个动作类常用词有变异词的 63 个变体 0 中，象似性手势和规约性手势两者几乎平分天下（象似性手势占比略高于规约性手势），而汉语借词占比极低，几乎可以忽略不计。

规约性手势与象似性手势均为纯手语词，纯手语词与汉语借词在 62 个动作类常用词有变异词 63 个变体 0 中的占比，以柱形图展示如下：

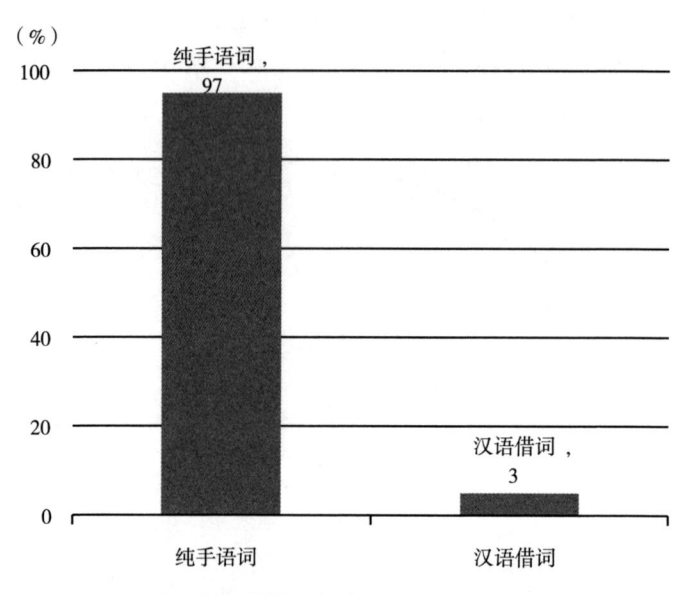

图 4.4　纯手语词与汉语借词在动作类有变异词变体 0 中的占比
（动作类常用词有变异词 62 个，变体 0 则有 63 个）

图 4.4 显示，纯手语词在动作类常用词有变异词中占绝对优势，汉语借词在其中占比极低，这就说明动作类常用词有变异词所受到的汉语影响微乎其微。

(三) 小结

跟基本无变异词一样，动作类常用词有变异词绝大部分为纯手语词，完全处于绝对优势；而汉语借词在其中占比极低。象似性手势占比略高于规约性手势（高了5个百分点），两者在有变异词中所占比例更为接近。

规约性手势中普通类最多，无提示类和空间量类，其余两类（价值类和隐喻类）也很少；象似性手势中动仿最多，形仿很少，而动仿手势中，操作类最多，身体类次之，无混合类。

三 动作类常用词的构造类型与数量、占比综合研究

119个中国手语动作类常用词，变体0（常见变体）共120，其中各类手势的基本情况是，有两个变体0的词1个；只有一个变体0的词118个，分别为：汉语借词5个，规约性手势52个，象似性手势61个。

其中规约性手势与象似性手势的具体情况如下：

规约性手势52个：

1. 普通类42个：A. 含类标记20个；B. 不含类标记22个
2. 价值类2个
3. 隐喻类4个：A. 状态隐喻3个；B. 空间隐喻1个
4. 提示类4个

象似性手势61个：

1. 形仿6个
2. 动仿55个：A. 操作类32个；B. 身体类20个：常规型14个、辅助加强型6个；C. 混合类3个

列表统计如下：

表 4.5　　动作类常用词中各类手势的数量与占比

（119 个动作类常用词，120 个变体 0）

动词＼手势类别 数量及百分比	规约性手势 普通	价值	隐喻	提示	空间量	象似性手势 形仿 普通	特殊	动仿 操作	身体	混合	汉语借词 仿字	仿译
只有一个变体 0（118 个词）	42	2	4	4	0	4	2	32	20	3	1	4
						6		55				
		52					61				5	
						118						
不止一个变体 0（1 个词）	1	0	0	0	0	0	0	0	1	0	0	0
		1					1				0	
						2						
变体 0 小计		53					62				5	
变体 0 总计						120						
比率 1（%）		44					52				4	
比率 2（%）	36	2	3	3	0	3	2	27	18	3	1	3
						5		47				

说明：

1. 动作类词总共 119 个，其中只有一个常见变体（变体 0）的词 118 个，不止一个常见变体（变体 0）的词 1 个，因为后者有 2 个变体 0，因此手势常见变体（变体 0）总数为 120 个。

2. 表中"比率 1"指规约性手势、象似性手势和汉语借词等三种手势在动作类全部常见变体（120 个）中的占比，"比率 2"则是指以上三种手势内部各个次类在动作类全部常见变体（120 个）中的占比。

由于其中一个词有两个变体 0，因此 119 个词总共有 120 个变体 0，相应地，规约性手势与象似性手势也就各增加了一个：前者总共 53 个，后者总共 62 个。

规约性手势、象似性手势和汉语借词在全部 120 个常见变体中的占比分别为 44%、52% 和 4%。前两者均为纯手语词，其占比之和高达96%；汉语借词占比极低，仅为4%，而这占比极低的5个汉语借词中，有4个仿译（占3%），仅1个仿字（仅占1%）。可见，119个中国手语动作类词绝大部分为纯手语词，其所受汉语影响微乎其微。

纯手语词中，规约性手势与象似性手势在数量上大体平衡，前者略低于后者（低了8个百分点）。

规约性手势中，普通类最多，在总量（全部120个变体0）中占36%；无空间量类；① 其余三类（价值类、隐喻类、提示类）则很少，在总量中分别占2%、3%、3%。

象似性手势中，动仿最多，在总量中占47%；形仿很少，在总量中占5%。而动仿手势中，操作类最多，在总量中占27%；身体类次之，在总量中占18%；混合类特别少，在总量中占3%。

综上所述，得出如下三个结论：

结论1：中国手语动作类常用词所受汉语影响微乎其微。

结论2：动作类纯手语词中，规约性手势与象似性手势在数量上大体平衡，前者略低于后者。

结论3：规约性手势中，普通类最多，无空间量类，其余三类则很少；中国手语动作类常用词象似性手势中动仿最多，形仿很少，而动仿手势中，操作类最多，身体类次之，混合类特别少。

对结论3的进一步说明：②

1. 规约性手势中为什么无空间量类？因为空间量类均为表示量（尤其是空间量）如高矮、长短、宽窄、远近等的性状词，动

---

① 本书"空间量类"手势是从词的构造方面而言，不是光从语义方面而言的，语义上表示量（或空间量）的词从构造类型来看不一定属于"空间量类"手势，例如中国手语中的"大""小""多""少"四个表示量的词，在语义上可归入同一类型，但是从手势构造类型来看，"大"是空间量类；"小""少"同形，为提示类；"多"则为状态隐喻类。

② 语言事实有的可以解释，有的不可以解释或者暂时无法解释，对于前者我们会尽量予以解释；对于后者则只能如实记录。

作类动词中没有空间量类手势很好理解。

2. 为什么象似性手势中动仿最多，而形仿则很少呢？因为动作类常用词主要是表示动作、行为，而不是表示事物外形的，因此表示动作、行为的象似性手势中自然动仿最多、形仿很少。

3. 规约性手势中普通类最多，象似性手势中操作类最多，而规约性手势普通类是手语中最典型的任意性手势，任意性最强；象似性手势动仿类中的操作类在动仿手势中则属于象似性较弱的一类。119个中国手语动作类词的120个常见变体（变体0），最多的是规约性手势中任意性最强的，以及象似性手势中象似性较弱的类型，可见，虽然规约性手势与象似性手势大体上平分秋色，前者占比还略低于后者，但是整体而言却趋向于任意性增强、象似性减弱，即趋向于任意性。

四 中国手语动作类常用词词汇构成研究

中国手语动作类常用词的词汇构成，指的是中国手语动作类常用词词汇是由哪些类型的词所构成以及动作类常用词中各种类型的词相互之间的数量配比关系如何，亦即动作类常用词中各种不同构造类型的词的数量与占比，以及它们在动作类常用词中的分布状况等。

关于中国手语动作类常用词的词汇构成，上面两节已经从细处做了数据统计和描写说明，本节是从整体上进行考察，即考察纯手语词与汉语借词在动作类常用词中的分布状况，亦即通过对119个动作类常用词120个变体0中的纯手语词与汉语借词进行统计分析，描写它们在这120个变体0中的分布状况，从而揭示中国手语动作类常用词的词汇构成面貌，同时考察其所受汉语影响的程度。

整体而言动作类常用词的词汇构成大体上可以分为以下两个

层面：(1) 由纯手语词与汉语借词所构成的动作类常用词；(2) 由规约性手势与象似性手势所构成的（动作类常用词）纯手语词。下面，我们就分别从这两个层面来研究中国手语动作类常用词的词汇构成面貌。

（一）纯手语词与汉语借词在动作类常用词中的数量、占比与分布研究

由纯手语词与汉语借词构成动作类常用词，属于层面 A（即词汇构成的最高层面）。在这个层面我们将对纯手语词与汉语借词在中国手语动作类常用词全部变体 0 中的数量与占比进行统计分析，并对两者在中国手语动作类常用词中的分布状况进行描写与研究。

1. 纯手语词与汉语借词在动作类常用词中的数量、占比统计分析

中国手语动作类常用词 120 个变体 0 中，纯手语词与汉语借词的数量与占比，列表统计如下：

表 4.6　动作类常用词中纯手语词与汉语借词的数量与占比

（119 个动作类常用词，共 120 个变体 0）

		纯手语词	汉语借词	合计
基本无变异词 （57 个）	变体 0 数量（个）	54	3	57
	占比（%）	95	5	
有变异词 （62 个）	变体 0 数量（个）	61	2	63
	占比（%）	97	3	
合计	变体 0 数量（个）	115	5	120
	占比（%）	96	4	

从表 4.6 可以看出，无论是基本无变异词，还是有变异词，中国手语动作类常用词的常见变体（变体 0）中，纯手语词均占绝对

优势，汉语借词在其中的占比可谓微不足道，只有几个百分点。

图 4.5 就直观地显示出两者在中国手语动作类常用词中所占比例的巨大差别：

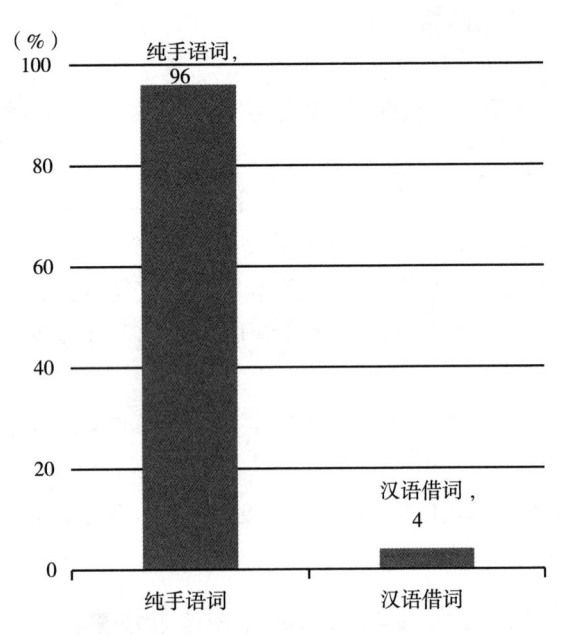

图 4.5　纯手语词与汉语借词在动作类常用词变体 0 中的占比

（119 个动作类常用词，共 120 个变体 0）

图 4.5 显示，纯手语词在动作类常用词中占比高达 96%，占绝对优势；汉语借词在其中占比极低，仅占 4%。两者在动作类常用词中的占比可谓天壤之别。

2. 纯手语词与汉语借词在动作类常用词中的分布特点研究

纯手语词与汉语借词在中国手语动作类常用词基本无变异词和有变异词中的分布趋势是基本一致的，下面这个纯手语词与汉语借词在中国手语动作类常用词 120 个变体 0 中的分布折线图，清楚地展示出这种的趋势：

图 4.6 中实线为纯手语词，虚线为汉语借词。图 4.6 显示：

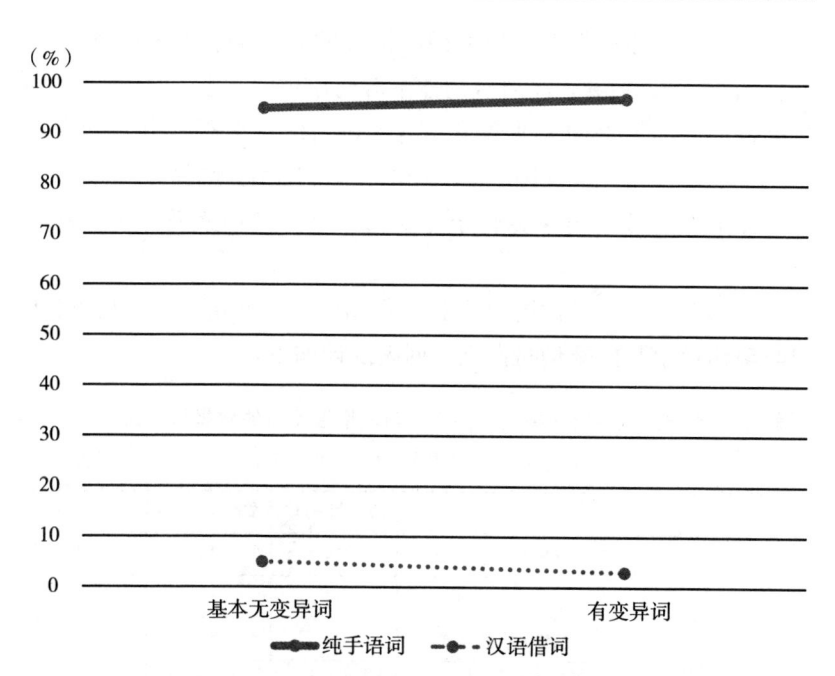

图 4.6　纯手语词与汉语借词在动作类常用词变体 0 中的分布

（119 个动作类常用词，共 120 个变体 0）

（1）纯手语词与汉语借词在中国手语动作类常用词基本无变异词和有变异词中的分布趋势基本一致，纯手语词在两者中均占绝对优势；而汉语借词在两者中的占比均极低，几乎可以忽略不计。

（2）从基本无变异词到有变异词，纯手语词与汉语借词在性状类常用词中的比率分布走势基本持平，前者持续居于极高位置，略有上升；后者持续居于极低位置，略有下降。

（二）规约性手势与象似性手势在纯手语词中的数量、占比与分布研究

由规约性手势与象似性手势共同构成动作类常用词纯手语词，

属于层面 B（即动作类常用词词汇构成的第二层，居于层面 A 之下）。在这个层面我们将对规约性手势与象似性手势在中国手语动作类常用词纯手语词中的数量与占比进行统计分析，并对两者在中国手语动作类常用词纯手语词中的分布状况进行描写与研究。

1. 规约性手势与象似性手势在纯手语词中的数量、占比统计分析

中国手语动作类常用词纯手语词 115 个变体 0[①] 中，规约性手势与象似性手势的数量与占比，列表统计如下：

表 4.7 动作类纯手语词中规约性手势与象似性手势的数量与占比

（动作类纯手语词 115 个变体 0）

		规约性手势	象似性手势	合计
基本无变异词	变体 0 数量（个）	24	30	54
	占比（%）	44	56	
有变异词	变体 0 数量（个）	29	32	61
	占比（%）	48	52	
合计	变体 0 数量（个）	53	62	115
	占比（%）	46	54	

从表 4.7 可以看出，无论是基本无变异词，还是有变异词，中国手语动作类常用词纯手语词中，象似性手势占比均要高于规约性手势。两者在基本无变异词中的占比，较之在有变异词中的占比，差异要更大一些：象似性手势在基本无变异词中占比达到了 56%，比规约性手势（44%）高了 12 个百分点；象似性手势在有变异词中的占比要稍微低一点（52%），而规约性手势在有变异词中的占比则要稍微高一点（48%），因此两者在有变异词中的占比就只相差了 4 个百分点。

---

① 120 个变体 0，去掉 5 个汉语借词（120-5=115）。

整体而言，象似性手势在 115 个动作类常用词纯手语词中占 54%，规约性手势占 46%，两者相差 8 个百分点，基本上可以说是平分秋色。

图 4.7 就直观地显示出了该特点：

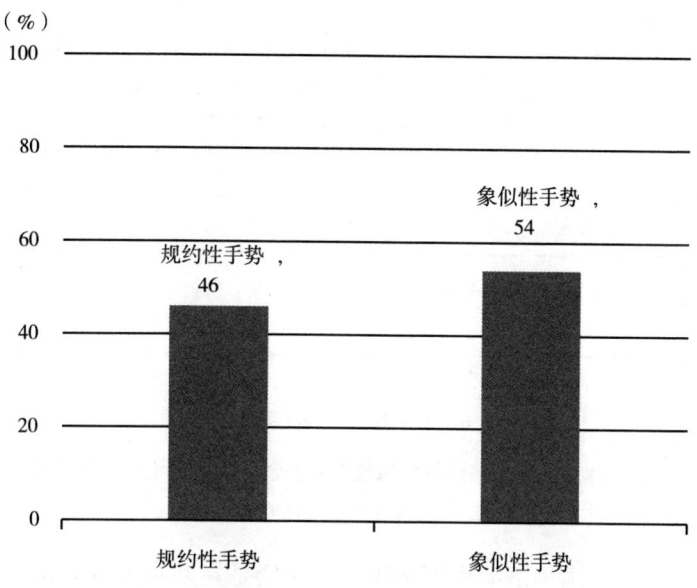

图 4.7 规约性手势与象似性手势在动作类纯手语词中的占比
（动作类纯手语词 115 个变体 0）

图 4.7 显示，中国手语动作类常用词纯手语词 115 个变体 0 中，规约性手势占 46%，象似性手势占 54%，后者略高于前者，整体而言两者在中国手语动作类常用词纯手语词中的占比相差不大。

2. 规约性手势与象似性手势在纯手语词中的分布特点研究

图 4.8 直观地反映了规约性手势与象似性手势在中国手语动作类常用词纯手语词 115 个变体 0 中的分布情况：

图 4.8 中虚线为规约性手势，实线为象似性手势。图 4.8 显示：

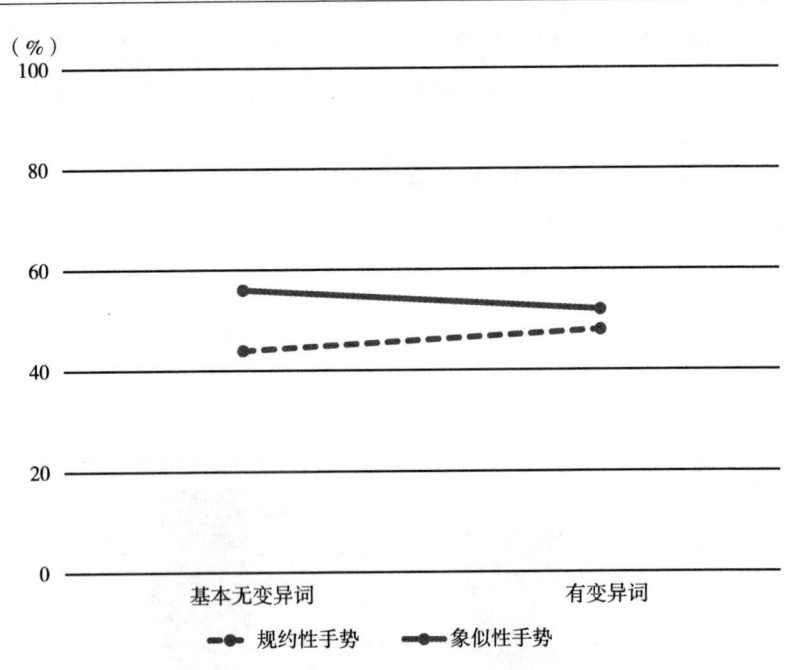

图 4.8 规约性手势与象似性手势在动作类纯手语词中的分布
（动作类纯手语词 115 个变体 0）

（1）中国手语动作类常用词，无论是在基本无变异词还是在有变异词中，象似性手势的占比均略高于规约性手势，但是，整体而言两者在中国手语动作类常用词纯手语词中的占比相差不算大，基本上可以说是平分秋色。

（2）从基本无变异词到有变异词，规约性手势在中国手语动作类常用词纯手语词中的占比略呈上升趋势，而象似性手势则呈轻微下降态势。

（三）小结

纯手语词与汉语借词在中国手语动作类常用词基本无变异词和有变异词中的分布趋势基本一致，纯手语词在两者中均占绝对优势，而汉语借词在两者中的占比均极低。这说明中国手语动作类常用词所受汉语影响微乎其微。

而仅有的5个汉语借词中，有4个仿译，1个仿字，没有指拼和书空。这说明汉语影响中国手语动作类常用词的主要方式为仿译。

整体而言规约性手势与象似性手势在中国手语动作类常用词纯手语词中的占比相差不算大，后者略高于前者。从基本无变异词到有变异词，规约性手势在中国手语动作类常用词纯手语词中的占比略呈上升趋势，而象似性手势则呈轻微下降态势。

五　中国手语动作类常用词变异性研究

各类手势在基本无变异词和有变异词常见变体中的占比，在一定程度上反映了它们的稳定性和变异性：某类手势在基本无变异词常见变体中占比越高，说明其稳定性越强；反之，在有变异词常见变体中占比越高，则说明其变异性越大。119个性状类常用词中，常见变体（变体0）总共120个，基本无变异词常见变体（变体0）57个，占47.5%；有变异词常见变体（变体0）63个，占52.5%，两者在动作类常用词中的占比相差不大，有变异词常见变体的占比略高于基本无变异词，高了5个百分点，这说明整体而言中国手语动作类常用词既有稳定性又有变异性，其变异性比前面第三章所讨论的性状类词要稍微大一些。①

下面我们就通过各类手势在动作类基本无变异词和有变异词常见变体（变体0）中的数量与占比，进一步详细分析中国手语动作类常用词内部各类手势的具体变异情况。

综合表4.1和表4.3，得到下面的表4.8：

---

① 性状类词中基本无变异词和有变异词（常见变体）差不多各占50%，平分秋色。

表 4.8　　各类手势在动作类基本无变异词和有变异词中的数量与占比

动词	手势类别 数量及百分比		规约性手势					象似性手势					汉语借词	
			普通	价值	隐喻	提示	空间量	形仿		动仿			仿字	仿译
								普通	特殊	操作	身体	混合		
基本无变异词 (57个)			19	0	1	4	0	2	2	15	8	3	0	3
								4		26				
			24					30					3	
			57											
比率1（%）			36	0	2	7	0	3.5	3.5	26	14	5	0	5
								7		46				
比率2（%）			42					53					5	
有变异词 (62个)	普通类		23	2	3	0	0	2	0	17	12	0	1	1
								2		29				
			28					31					2	
			61											
	特殊类		1	0	0	0	0	0	0	0	1	0	0	0
			1					1					0	
			2											
变体0小计（个）			29					32					2	
变体0总计（个）			63											
比率3（%）			38	3	5	0	0	3	0	27	21	0	0	3
								3		48				
比率4（%）			46					51					3	

说明：

1. 表中"比率2"指规约性手势、象似性手势和汉语借词等三种手势在动作类基本无变异词全部常见变体（57个）中的占比，"比率1"则是指以上三种手势内部各个次类在动作类基本无变异词全部常见变体（57个）中的占比。

2. 表中"比率4"指规约性手势、象似性手势和汉语借词等三种手势在动作类有变异词全部常见变体（63个）中的占比，"比率3"则是指以上三种手势内部各个次类在动作类有变异词全部常见变体（63个）中的占比。

表 4.8 显示，规约性手势在基本无变异词和有变异词中的占比分别为 42% 和 46%，在前者中的占比比在后者中略低，低了 4 个百分点，这与动作类词的整体变异情况差不多，既有稳定性又有变异性。

象似性手势在基本无变异词和有变异词中的占比分别为 53% 和 51%，在前者中的占比比在后者中略高，高了 2 个百分点，这与动作类词的整体变异情况稍微有点出入：虽然同样是既有稳定性又有变异性，但是，象似性手势的变异性相对于动作类词的整体变异情况要小一些，相应地，其稳定性则比动作类词的整体情况要强一些（整体而言，动作类词中基本无变异词的占比比有变异词低了 5 个百分点）。

汉语借词在基本无变异词和有变异词中的占比分别为 5% 和 3%，在前者中的占比比在后者中略高，高了 2 个百分点，这与象似性手势的情况类似，其变异性相对于动作类词的整体变异情况要小一些，相应地其稳定性则比动作类词的整体情况要强一些。

规约性手势内部，跟动作类常用词的整体变异情况差异最大的是提示类，[①] 提示类在基本无变异词和有变异词中的占比分别为 4% 和 0%，在后者中完全没有，说明基本上没有发生变异。

象似性手势内部，只有动仿手势中的混合类比较稳定，没有什么变异，其他各种构造类型的变异情况不太均衡，似无规律性可言。

六　本章小结

动作类常用词基本无变异词中，象似性手势和规约性手势两

[①] 动作类常用词规约性手势中无空间量类，因为空间量类在中国手语中主要是表性状的形容词。

者几乎平分天下（象似性手势占比略高于规约性手势），而汉语借词占比极低，几乎可以忽略不计。规约性手势中普通类最多，象似性手势中动仿最多，形仿很少，而动仿手势中，操作类最多，身体类次之，混合类特别少。

跟基本无变异词一样，动作类常用词有变异词绝大部分为纯手语词，完全处于绝对优势；而汉语借词在其中占比极低。象似性手势占比略高于规约性手势（高了5个百分点），两者在有变异词中所占比例更为接近。规约性手势中普通类最多，无提示类和空间量类，其余两类（价值类和隐喻类）也很少；象似性手势中动仿最多，形仿很少，而动仿手势中，操作类最多，身体类次之，无混合类。

纯手语词与汉语借词在中国手语动作类常用词基本无变异词和有变异词中的分布趋势基本一致，纯手语词在两者中均占绝对优势，汉语借词在两者中的占比均极低。这说明中国手语动作类常用词所受汉语影响微乎其微，而汉语影响中国手语动作类常用词的方式是以仿译为主的。

从基本无变异词到有变异词，规约性手势在中国手语动作类常用词纯手语词中的占比略呈上升趋势，而象似性手势则呈轻微下降态势。但是，整体而言两者在中国手语动作类常用词纯手语词中的占比相差不大，基本持平。

整体而言，动作类常用词规约性手势中，普通类最多，无空间量类，其余三类则很少；象似性手势中，动仿最多，形仿很少，而动仿手势中，操作类最多，身体类次之，混合类特别少。

规约性手势中之所以无空间量类，是因为空间量类均为表示量（尤其是空间量）如高矮、长短、宽窄、远近等的性状词，动作类动词中没有空间量类手势也很好理解。

象似性手势中之所以动仿最多、形仿很少，是因为动作类常用词主要是表示动作、行为，而不是表示事物外形的，因此，自然动仿最多、形仿很少。

规约性手势中普通类最多，象似性手势中操作类最多，而规约性手势普通类是手语中最典型的任意性手势，任意性最强；象似性手势动仿类中的操作类在动仿手势中则属于象似性较弱的一类。119个中国手语动作类词的120个常见变体（变体0），最多的是规约性手势中任意性最强的，以及象似性手势中象似性较弱的类型，可见，虽然规约性手势与象似性手势大体上平分秋色，前者占比还略低于后者，但是，整体而言，却趋向于任意性增强、象似性减弱，即趋向于任意性。

另外，整体而言，中国手语动作类常用词既有稳定性又有变异性，其变异性比前面第三章所讨论的性状类词要稍微大一些。

第五章

中国手语社会文化类常用词构造类型分布及变异性研究

引言

(一) 本章的研究对象与思路

语料库中标注为"社会文化类"的常用词总共286个，30个城市58份语料，总共16588个手语词视频。我们经过研究后发现，其中无常见变体的词9个，占3%；有常见变体的词277个，占97%。这9个无常见变体（变体0）的词是：讽刺、测量、欠（钱）、利润、利息、例子、硕士、音乐、背诵。

本书的研究范围是中国手语词的常见变体及次常见变体，而本章的研究范围则限于中国手语社会文化类常用词的常见变体，其中无常见变体的词先搁置不议。本章所要研究的中国手语社会文化类常用词277个，总共13166个手语词视频。

根据这277个有常见变体的社会文化类常用词在语料中所体现的变体情况，我们将其分为以下两类：一是基本无变异词101个；二是有变异词176个。前者指的是基本上没有变异的词，即只有或基本上只有一个变体的词，也就是有且只有一个常见变体、无次常见变体（但不排除罕见变体）的词。后者指的是有变异的词，也就是既有常见变体又有次常见变体，或者有不止一个常见变体（同时还可能有罕见变体）的词。

这 176 个有变异词的内部又可分为两类：a. 不止一个变体 0 的词 21 个，变体 0 总共 44 个；b. 仅一个变体 0 的词 155 个，变体 0 也是 155 个。因此 176 个社会文化类有变异词变体 0 总共 199 个。

因此，这 277 个社会文化类常用词的全部变体 0 有 300 个：基本无变异词变体 0 有 101 个，有变异词变体 0 有 199 个。

本章拟分别考察社会文化类常用词中基本无变异词和有变异词常见变体（变体 0）的构造类型，对两者内部的各种构造类型均予以分析并进行数据统计，通过对各种构造类型的数量与占比的统计来描写它们在社会文化类常用词中的分布状况，揭示中国手语社会文化类常用词的构造特点，并从细处与整体（即微观与宏观）两个方面来展示中国手语社会文化类常用词的词汇构成面貌及其所受到的汉语影响。

另外，需要说明的是，本书主要研究中国手语词的常见变体和次常见变体，尤其将重点放在常见变体上，所有数据统计均忽略词的罕见变体。本章只统计中国手语词的常见变体。常见变体即变体 0，本书为行文方便，正文中通常不标某词的"变体 0"（而直接以某词称之）。①

（二）社会文化类常用词在构造及变异性上与前两类常用词的明显差异

与第三章研究的性状类常用词和第四章研究的动作类常用词相比，本章拟研究的社会文化类常用词在构造及变异性上有如下两个明显差异点：

（1）社会文化类常用词中出现了少量无变体 0 的词，② 无变体

---

① 次常见变体（及罕见变体）则根据各词的具体情况依次标为"变体 1、变体 2、变体 3……"，等等。

② 9 个无变体 0 的词，在全部 286 个社会文化类常用词中占比 3%。

0 就意味着这些词无常见变体，也就是说这些词的变异非常大，已经不属于中国手语词汇系统的共同部分，而性状类常用词和动作类常用词中是没有这类词的。

（2）社会文化类常用词纯手语词中出现了少量多手势词，虽然量不多，但却与前面的性状类常用词和动作类常用词的情况明显不同：性状类常用词和动作类常用词的纯手语词全部为单手势词，多手势词只出现在两者的汉语借词中；而社会文化类常用词纯手语词中也出现了多手势词，社会文化类汉语借词中的多手势词更是呈明显优势。因此本章在考察这 277 个（有变体 0 的）社会文化类常用词的构造类型时，在基本无变异词和有变异词的内部，首先就区分了其中的单手势词和多手势词，再分别考察单手势词和多手势词内部的各种构造类型。这个研究思路与前面性状类常用词和动作类常用词的研究思路是有所不同的。

一　社会文化类基本无变异词的构造类型及其数量、占比研究

社会文化类 277 个有常见变体的词中，基本无变异的词 101 个，其中单手势词 81 个，在全部 101 个基本无变异的词中占 80%；多手势词 20 个，在全部 101 个基本无变异的词中占 20%。单手势词占很大优势。

单手势词和多手势词在 101 个基本无变异词中的占比柱形图如图 5.1 所示。

图 5.1 显示，101 个社会文化类基本无变异词中，单手势词占 80%，多手势词占 20%，单手势词占绝对优势。

下面，我们就从单手势词和多手势词两个方面，分别探讨社会文化类基本无变异词的构造类型及其词汇构成。

图 5.1 单手势词和多手势词的占比

（社会文化类基本无变异词 101 个）

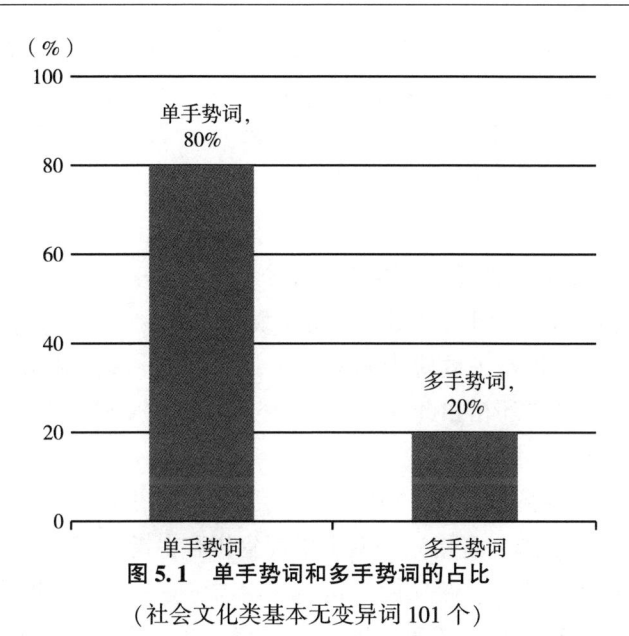

（一）基本无变异单手势词的构造类型及其数量、占比研究

1. 社会文化类基本无变异单手势词的构造类型分析

社会文化类基本无变异单手势词 81 个，其中规约性手势 56 个，象似性手势 23 个，汉语借词 2 个。

（1）规约性手势

规约性手势 56 个：

办（事）	发短信	禁止	战争	工作
数学	报告	罚	买	照顾
广告	思想	比赛	访问	卖
装扮	鬼	意思	毕业	分配
派	尊敬	画画	杂技	表情
付钱	上当	杀	技术	自由
吵架	负责	态度	报名	教育
改变	成立	换	团结	找

经济	代替	集合	谢谢	做
名字	点（菜）	教	宣传	发明
生活	躲藏	结婚	研究	负担
手语				

（2）象似性手势

象似性手势23个，其中形仿4个，动仿19个。

形仿4个：博士、城市、联系、秘密。

"博士"模拟头戴博士帽的样子，"城市"模拟城墙的形状，"联系"模拟二环相扣的样子，"秘密"模拟封条贴在嘴巴上的情景，均为形仿手势。

这里需要指出的是，"秘密"（封条贴在嘴巴上），无论是单手或双手、单手指（食指）或双手指（食指和中指），都是模拟封条封在嘴巴上的样子，是从同一角度、用同一方法去模拟同一事物，只是手势详略（单、双手）或形状粗细（单、双手指）有别，均可看作是同一变体的内部差异，不应作为不同的变体来处理。因此我们将"秘密"归入此处的无变异词。

动仿19个：

表扬	再见	佛	承认	加油	抢
开车	住	读书	钓鱼	请	洗
让	祝	刷牙	活动	扫	体育	请假

（3）汉语借词

汉语借词（仿字）2个：介绍、问题。

"介绍"仿"介"字，"问题"仿问号（仿标点符号，是仿字里面的一种特殊类型）。

2. 社会文化类基本无变异单手势词各种构造类型的数量、占比统计分析

社会文化类基本无变异单手势词中各类手势的数量与占比，列表统计如下：

第五章 中国手语社会文化类常用词构造类型分布及变异性研究

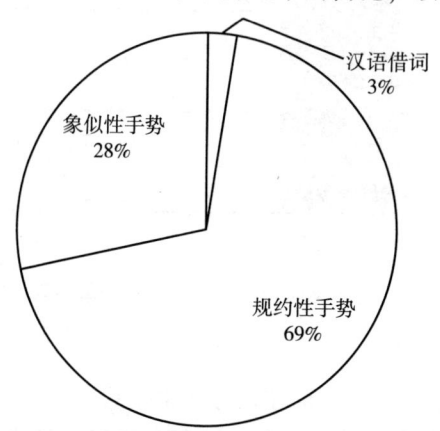

表 5.1　三类手势在社会文化类基本无变异单手势词中的数量与占比（简表）

（社会文化类基本无变异单手势词 81 个）

		数量（个）		占比（%）	
规约性手势	纯手语词	56	79	69	97
象似性手势		23		28	
汉语借词		2		3	
合计		81			

表 5.1 显示，社会文化类基本无变异的单手势词 81 个，变体 0 也是 81 个。这 81 个常见变体中，规约性手势 56 个，占 69%；象似性手势 23 个，占 28%；汉语借词 2 个，占 3%。

可见，社会文化类基本无变异单手势词中，绝大部分都是纯手语词，这些纯手语词中规约性手势占比最高，象似性手势也达到了一定比重，两者相加高达 97%，可以说占绝对优势；而汉语借词在其中占比极低，仅占 3%。

三者在 81 个基本无变异单手势词中的占比，以饼图展示如下：

图 5.2　各类手势在社会文化类基本无变异单手势词中的占比

（社会文化类基本无变异单手势词 81 个）

图 5.2 显示，规约性手势占比最高，象似性手势次之，汉语借词占比最低。

规约性手势和象似性手势均为纯手语词，两者相加的纯手语词占比（97%）与汉语借词占比（3%）相较更是天壤之别，后者简直可以忽略不计。

纯手语词和汉语借词在社会文化类常用词81个基本无变异单手势词中的占比，以柱形图展示如下：

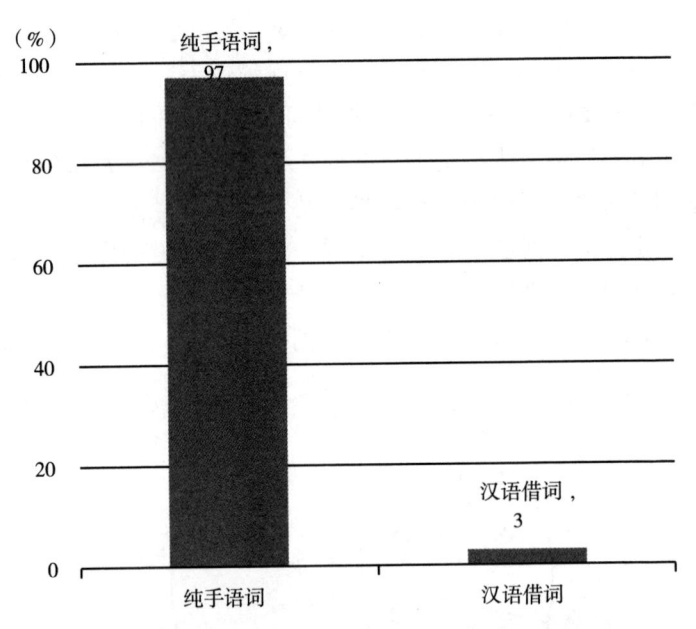

图 5.3　纯手语词和汉语借词在基本无变异单手势词中的占比
（社会文化类基本无变异单手势词81个）

图 5.3 显示，纯手语词在社会文化类基本无变异单手势词中占绝对优势，汉语借词在其中占比极低，这说明社会文化类基本无变异单手势词所受到的汉语影响微乎其微。

（二）基本无变异多手势词的构造类型及其数量、占比研究

1. 社会文化类基本无变异多手势词的构造类型分析

社会文化类基本无变异多手势词 20 个，其中纯手语词 2 个，汉语借词 18 个，均为仿译词。

（1）纯手语词

纯手语词 2 个：代表、欢迎，语素构成如下：

代表：代替+代表标志

欢迎：鼓掌+请

这两个词与相应的汉语词在结构上没有对应关系，跟仿译无关，是纯手语词，不是汉语借词。

（2）仿译词

仿译词 18 个，其中不完全仿译词 2 个，完全仿译词 16 个。

A. 不完全仿译词

不完全仿译词 2 个：

放假：放+休息

请假：请+休息

这两个不完全仿译词中没有"音"译成分，其内部构成成分的部分借用（对汉语词相应内部成分的借用）采用意译。

B. 完全仿译词

完全仿译词 16 个：

复习	退休	本科	科学	魔术	网络
上网	安排	方法	口语	书信	微信
物理	新闻	艺术	看病

以上 16 个词均为双语素复合词，均由两个手势，亦即两个词根语素构成（手势 1+手势 2，或语素 1+语素 2）。它们与相应的汉语词在结构上一一对应，是对相应汉语词内部结构的仿译。例如：复习（复+习）、上网（上+网）、退休（退+休）等，余者皆同。

其中不含"音"译成分的9个,含有"音"译成分(指拼)的7个。

不含"音"译成分的9个:复习、上网、退休、安排、口语、魔术、书信、新闻、看病。

含有"音"译成分(指拼)的7个:科学(K+学)、物理(物+L)、艺术(Y+术)、本科(本+K)、网络(网+L)、方法(方+F)、微信(W+信)。

2. 社会文化类基本无变异多手势词各种构造类型的数量、占比统计分析

20个基本无变异多手势词中,纯手语词2个,占10%;仿译词18个,占90%。可见这些基本无变异的多手势词绝大部分为汉语借词,且均为结构借用的仿译词。

纯手语词和汉语借词(仿译词)在社会文化类常用词20个基本无变异多手势词中的占比,以柱形图展示如下:

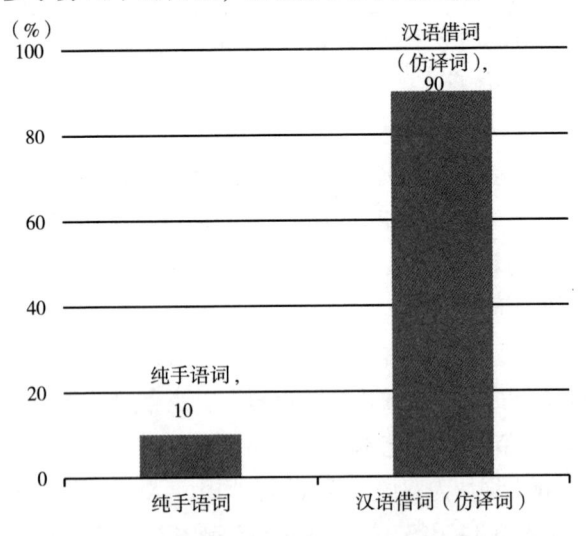

图5.4 纯手语词和汉语借词(仿译词)在基本无变异多手势词中的占比
(社会文化类基本无变异多手势词20个)

图 5.4 显示，汉语借词（仿译词）在社会文化类基本无变异多手势词中占压倒优势（高达 90%），而纯手语词仅占到一成，这说明社会文化类基本无变异多手势词所受到的汉语影响非常之大，这与上文单手势词中的情况刚好相反。再者，此中汉语借词均为仿译词，说明汉语影响的方式是结构借用（借用汉语词的内部结构）。

仿译词可分为完全仿译词和不完全仿译词两种类型，其内部均有可能包含"音"译成分。下面我们将社会文化类基本无变异多手势词（20 个）中的 18 个汉语借词（仿译词），分为完全仿译词和不完全仿译词两种情况，列表统计其中有"音"译成分词和无"音"译成分词的数量与占比。

表 5.2　不同类型仿译词在 18 个汉语借词中的数量与占比

（20 个社会文化类基本无变异多手势词中的 18 个汉语借词）

	完全仿译词	不完全仿译词	合计	合计占比
有"音"译成分词	7	0	7	39%
无"音"译成分词	9	2	11	61%
合计	16	2	18	
合计占比	89%	11%		

表 5.2 显示，18 个汉语借词（仿译词）中，不完全仿译词 2 个，完全仿译词 16 个。2 个不完全仿译词，其内部构成成分部分借用汉语时均采用意译，无"音"译成分；16 个完全仿译词中，含有"音"译成分（指拼）的 7 个，不含"音"译成分的 9 个，两者综合，全部 18 个仿译词中，含有"音"译成分的词共 7 个，占 39%；不含"音"译成分的词共 11 个，占 61%。

可见，这些仿译词在结构借用中又混进了相当比重的形式借用，即仿译词的内部又包含了相当一部分的"音"译成分。

下面，完全仿译词和不完全仿译词以及有"音"译成分词和无"音"译成分词在 18 个汉语借词中的占比，以柱形图分别展示之。

完全仿译词和不完全仿译词在 18 个仿译词中的占比，以柱形图展示如下：

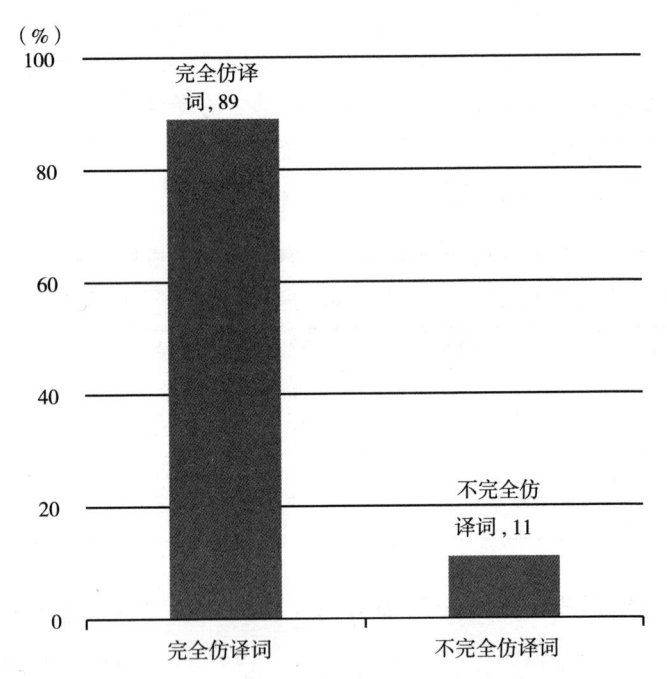

（%）

图 5.5　不同类型仿译词在 18 个仿译词中的占比
(20 个社会文化类基本无变异多手势词中的 18 个仿译词)

图 5.5 显示，18 个仿译词中，完全仿译词占 89%，不完全仿译词占 11%，可见完全仿译词占优势。

有"音"译成分词和无"音"译成分词在 18 个仿译词中的占比，以柱形图展示如下。

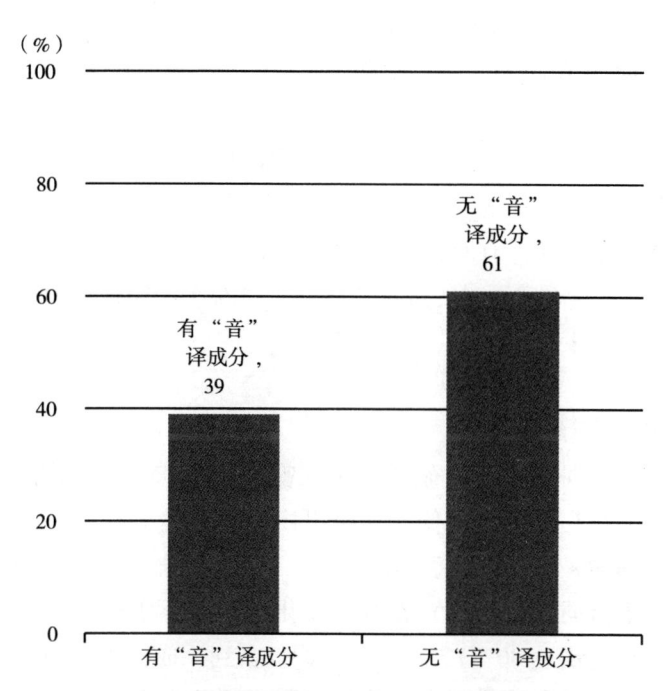

图 5.6　有、无"音"译成分词在 18 个仿译词中的占比

（20 个社会文化类基本无变异多手势词中的 18 个仿译词）

图 5.6 显示，在 18 个仿译词中，有"音"译成分词占 39%，无"音"译成分词占 61%。内部包含"音"译成分的仿译词占有相当比重（接近四成），说明结构借用中包含着相当比重的形式借用，这是中国手语汉语借词的一大特点，也是汉语影响中国手语的一种重要途径。

需要注意的是，仿译词的内部构成成分也有可能出现变异，事实上，无论是纯手语材料的仿译词，还是含有指拼的仿译词，其内部成分均有变异的情况。例如：

纯手语材料的仿译词新闻（新+闻），"新"手势（语素）有变异，除了常见变体语素"新"之外，还有罕见变体（语素）"新 2"。

含有指拼的仿译词物理（物+理），"理"手势有变异，除了常见变体语素指拼"L"之外，还有罕见变体语素"李"（谐音）。

另外，还需要指出的是，中国手语中，一组相关变体独立成词单独出现，与作为语素在不同的合成词中出现，变体的出现频率可能会不一样，有时甚至会大相径庭。例如，"新"的两个变体，"新"独立成词时的常见变体，在"新闻"中却成为一个非常见的变体语素。

(三) 小结

纯手语词在社会文化类基本无变异单手势词中占绝对优势，汉语借词在其中占比极低，这说明社会文化类基本无变异单手势词所受到的汉语影响微乎其微。

汉语借词（仿译词）在社会文化类基本无变异多手势词中占压倒优势（高达90%），而纯手语词仅占到一成，这说明社会文化类基本无变异多手势词所受到的汉语影响非常之大，这与社会文化类基本无变异单手势词中的情况刚好相反。再者，此中汉语借词均为仿译词，说明汉语影响的方式是结构借用（借用汉语词的内部结构）。

二 社会文化类有变异词的构造类型及其数量、占比研究

社会文化类277个有常见变异的词中，有变异的词176个，其内部又可分为两种情况：一是不止一个常见变体的词；二是只有一个常见变体的词。其中前者21个，常见变体却有44个；后者155个，常见变体也是155个。两者的常见变体之和为199个。

下面我们就分别从社会文化类有变异词不止一个常见变体的

词和只有一个常见变体的词这两个方面，来研究社会文化类常用词的构造类型及其数量与占比。

（一）不止一个变体 O 的社会文化类有变异词构造类型及数量、占比研究

不止一个常见变体（变体 O）的社会文化类常用词 21 个，常见变体（变体 O）则有 44 个（每个词右边括号内的数字表示各词的常见变体）：

打针（4）	调查（2）	来（2）
节约（2）	同意（2）	小学（2）
借（2）	推迟（2）	中学（2）
进步（2）	下课（2）	妇女节（2）
批评（2）	跟（2）	国庆节（2）
骗（2）	搬（搬家）（2）	劳动节（2）
上课（2）	帮助（2）	垃圾（2）

以上 21 个词，除了第一个（"打针"）有 4 个常见变体之外，其余均为 2 个常见变体，因此这 21 个词总共有 44 个变体 O（常见变体）。

这 44 个变体 O，可分为三种情况予以分析：A. 两个（或多个）变体 O 均为单手势形式的词；B. 两个变体 O 均为多手势形式的词；C. 两个变体 O 一个为单手势形式、一个为多手势形式的词。

1. 不止一个变体 O 的社会文化类词的构造类型分析

（1）两个（或多个）变体 O 均为单手势形式的词

其中两个（或多个）变体 O 均为单手势形式的词 15 个：

打针	进步	上课	跟	来
节约	批评	调查	搬（搬家）	小学
借	骗	同意	帮助	中学

以上 15 个词，变体 0 共 32 个（"打针"有 4 个变体 0），均为单手势词（变体）。

（2）两个变体 0 均为多手势形式的词

两个变体 0 均为多手势形式的词 4 个：妇女节、国庆节、劳动节、垃圾。4 个词共 8 个变体 0，均为多手势词（变体），手势构成分析如下：

妇女节——变体 0（A）：女人+节；变体 0（B）：三八+节
国庆节——变体 0（A）：中国+节；变体 0（B）：十一+节
劳动节——变体 0（A）：劳动+节；变体 0（B）：五一+节
垃圾——变体 0（A）：脏+倒垃圾；变体 0（B）：扫+倒垃圾

这里插入说明一下，中国手语中表示节日的词一般都有（至少）两个以上的变体，但是不一定都有两个以上的常见变体（变体 0），例如，"端午节""清明节""圣诞节"都有两个或两个以上的变体，但是这三个词均只有一个常见变体，分别为：

端午节——变体 0：粽子+节
清明节——变体 0：扫墓+节
圣诞节——变体 0：大胡子（圣诞老人）+节

（3）两个变体 0 一个为单手势形式、一个为多手势形式的词

两个变体 0 一个为单手势变体、一个为多手势变体的词有 2 个：推迟、下课。推迟——变体 0（A）：推+"尺"（"迟"）；变体 0（B）：单手势变体

（规约性手势）

下课——变体 0（A）：下+课（上课）；变体 0（B）：单手势变体

（指拼，K 方向朝下）

"推迟""下课"的常见变体 A 为多手势词（变体），常见变体 B 则为单手势变体。前者的常见变体 B 为规约性手势，后者的常见变体 B 则为汉语借词（指拼融合式："K"方向朝下）。

第五章 中国手语社会文化类常用词构造类型分布及变异性研究

2. 不止一个变体 0 社会文化类词各种构造类型的数量、占比统计分析

（1）纯手语词和汉语借词统计

社会文化类有变异词中不止一个变体 0 的词 21 个，变体 0 共 44 个，其中 34 个单手势变体 0，10 个多手势变体 0。

34 个单手势变体 0 中有 3 个汉语借词：上课 A、下课 A、同意 A。10 个多手势变体 0 除了"垃圾"的 2 个变体 0 为纯手语词之外，其余 8 个全是汉语借词（仿译词）。而这 8 个汉语借词（仿译词）中，还有 1 个包含"音"译成分：推迟 A（推+"尺"）中的"尺"为仿字，仿"尺"（谐"迟"）。

纯手语词和汉语借词在全部 44 个变体 0 中的数量与占比，列表如下：

表 5.3　　44 个变体 0 中纯手语词和汉语借词的数量与占比

（社会文化类有变异词中不止一个变体 0 的词 21 个，变体 0 共 44 个）

			纯手语词	汉语借词	合计
不止一个变体 0 的 21 个词	单手势	数量	31	3	34
		占比	90%	10%	
	多手势	数量	2	8	10
		占比	20%	80%	
	小计	数量	33	11	44
		占比	75%	25%	

表 5.3 显示，社会文化类 21 个不止一个变体 0 的词中，变体 0 共 44 个。这 44 个变体 0 中，有 34 个单手势变体 0，其中纯手语词 31 个，占 90%；汉语借词 3 个，占 10%。有 10 个多手势变体 0，其中纯手语词 2 个，占 20%；汉语借词 8 个，占 80%。

两者综合（总数 44 个），其中纯手语词 33 个，占 75%；汉语借词 11 个，占 25%。纯手语词与汉语借词在全部 44 个变体 0 中的占比，以柱形图展示如下：

(%)
100

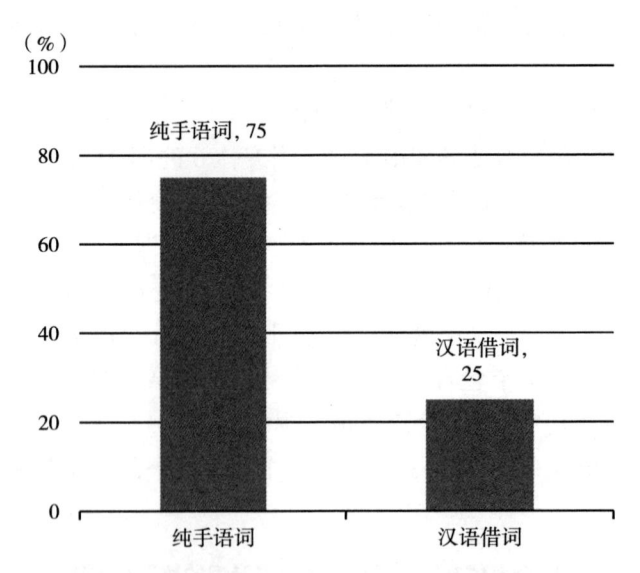

纯手语词, 75
80

60

40
汉语借词, 25
20

0
纯手语词   汉语借词

图 5.7 纯手语词与汉语借词在 44 个变体 0 中的占比

(社会文化类有变异词中不止一个变体 0 的词 21 个,变体 0 共 44 个)

图 5.7 显示,44 个变体 0 中,纯手语词占大部分 (75%),汉语借词占少部分 (25%)。

10 个多手势变体 0 中,有 8 个汉语借词,均为仿译词。含有"音"译成分的词 1 个,占 13%;不含"音"译成分的词 7 个,占 87%。

有"音"译成分词和无"音"译成分词在这 8 个汉语仿译词中之占比,如图 5.8 所示。

图 5.8 显示,8 个汉语借词(仿译词)中,有"音"译成分词仅占一成多一点,而无"音"译成分词则占了绝大部分 (87%)。

(2) 单手势词和多手势词统计

不止一个变体 0 的词 21 个,变体 0 总共 44 个,其中单手势词有 34 个,在 44 个变体 0 中占 77%;多手势词有 10 个,在 44 个变体 0 中占 23%。总的来说,单手势词占优势。如图 5.9 所示。

第五章 中国手语社会文化类常用词构造类型分布及变异性研究　　165

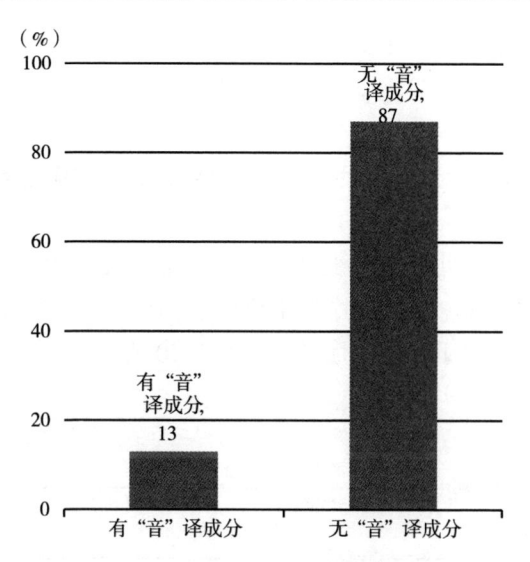

图 5.8　有、无"音"译成分词在 8 个汉语仿译词中的占比
（社会文化类不止一个变体 0 的词，10 个多手势变体 0 中的 8 个汉语仿译词）

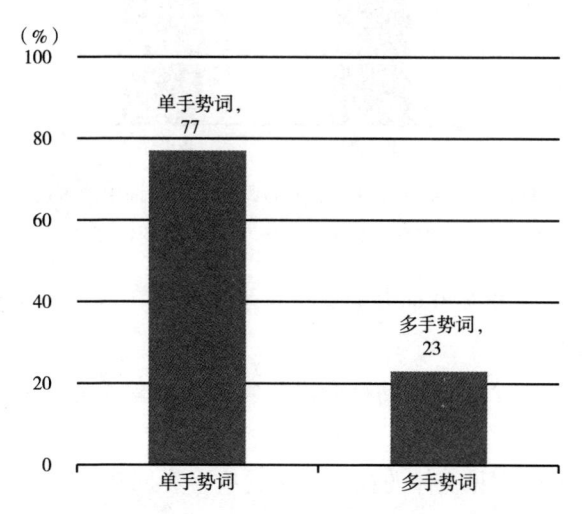

图 5.9　单手势词与多手势词在 44 个变体 0 中的占比
（21 个不止一个变体 0 的社会文化类常用词，共 44 个变体 0）

图 5.9 显示，44 个变体 0 中，单手势词占大部分（77%），多手势词占少部分（23%）。

（二）仅一个变体 0 的社会文化类有变异词构造类型及数量、占比研究

只有一个常见变体（变体 0）的社会文化类有变异词 155 个（变体 0 总计 155 个），其中单手势词 97 个，占 63%；多手势词 58 个，占 37%。单手势词占优势。如图 5.10 所示。

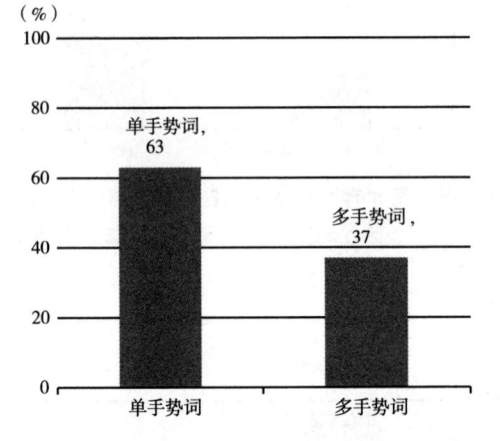

图 5.10　单手势词与多手势词在 176 个词中的占比
（社会文化类有变异词中 155 个仅一个变体 0 的词）

1. 仅一个变体 0 的社会文化类有变异单手势词构造类型及数量、占比研究

（1）仅一个变体 0 的社会文化类有变异单手势词的构造类型分析

只有一个常见变体的社会文化类单手势词 97 个，变体 0 也是 97 个。其中规约性手势 79 个，象似性手势 16 个，汉语借词 2 个。

A. 规约性手势

规约性手势 79 个：

保护	鼓励	浪费	商量	指导	参观
防	计划	聊天	设计	总结	参加
冲突	检查	旅游	廉洁	租	去
打架	交流	矛盾	讨论	试	用
发光	解释	模仿	习惯	逃	准备
翻译	竞争	培养	兴趣	玩	告诉
反对	救	赔偿	训练	问	故事
服务	拒绝	评价	印刷	答	经验
辅导	开会	欺负	影响	订	精神
复印	考试	伤害	支持	发现	历史
内容	生日	条件	政治	合同	
拼音	诗	性质	知识	农村	
社会	税	意见	组织	政府	
神	顺序	语言	采访		

B. 象似性手势

象似性手势 16 个：

形仿 1 个：WIFI

动仿 15 个：

表演	抗议	修理	偷	锻炼（身体）
理发	努力	做饭	洗澡	展览
雕刻	手术	切	带	嘲笑

C. 汉语借词

汉语借词 2 个：

指拼 1 个：理论

仿字（内含指拼 X）1 个：系统

(2) 仅一个变体 0 的社会文化类单手势词中各类手势统计

仅一个变体 0 的社会文化类有变异单手势词共 97 个（变体 0 总共 97 个），其内部各类手势列表统计：

表 5.4　三类手势在仅一个变体 0 的有变异单手势词
中的数量与占比（简表）

（仅一个变体 0 的社会文化类有变异单手势词 97 个，变体 0 总共 97 个）

		数量（个）		占比（%）	
规约性手势	纯手语词	79	95	82	98
象似性手势		16		16	
汉语借词		2		2	
合计		97			

表 5.4 显示，仅一个变体 0 的社会文化类有变异单手势词 97 个，变体 0 也是 97 个。这 97 个常见变体中，规约性手势 79 个，占 82%；象似性手势 16 个，占 16%；汉语借词 2 个，占 2%。

可见，社会文化类有变异单手势词中，绝大部分都是纯手语词，这些纯手语词中规约性手势占比最高，象似性手势也达到了一定比重，两者相加高达 98%，可以说占绝对优势；而汉语借词在其中占比极低，仅 2%。

三者在 97 个仅一个变体 0 的单手势词中的占比，以饼图展示如下：

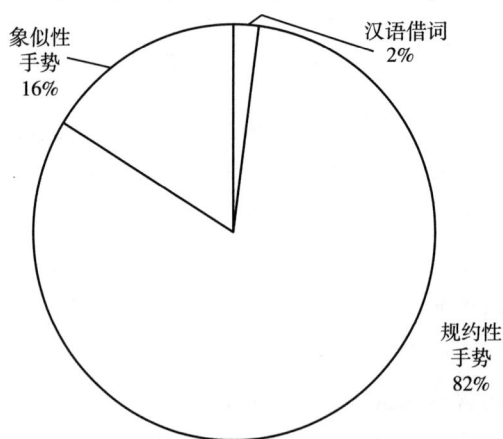

图 5.11　97 个仅一个变体 0 的单手势词内部各类手势的占比
（社会文化类有变异的词）

图 5.11 显示，97 个仅一个变体 0 的社会文化类单手势词中，规约性手势占绝对优势，象似性手势也有一部分，而汉语借词占比极低。

规约性手势和象似性手势均为纯手语词，两者相加的纯手语之占比（98%）与汉语借词之占比（2%）相较更是天壤之别，后者几乎可以忽略不计。

两者在社会文化类 97 个仅一个变体 0 的单手势词中的占比，以柱形图展示如下：

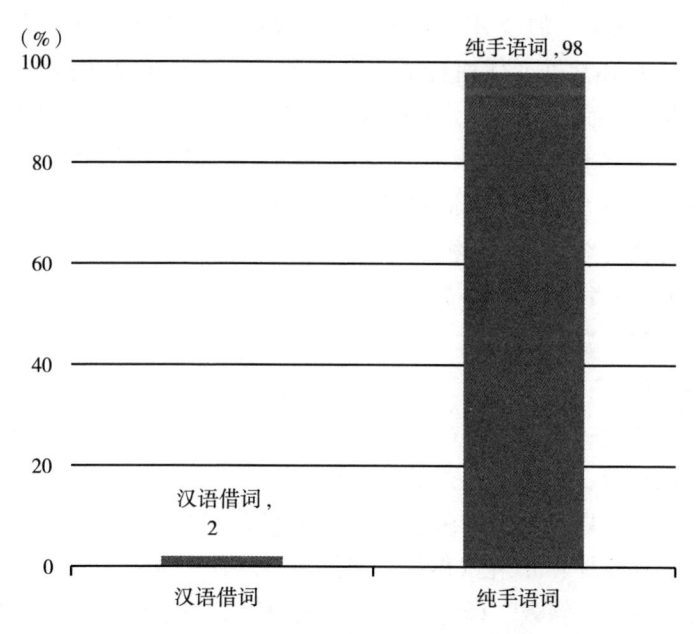

图 5.12　纯手语词和汉语借词在仅一个变体 0 的单手势词中的占比
（社会文化类常用词，仅一个变体 0 的有变异单手势词共 97 个）

图 5.12 显示，纯手语词在仅一个变体 0 的社会文化类有变异单手势词中占绝对优势，汉语借词在其中占比极低，这说明，和社会文化类基本无变异单手势词一样，仅一个变体 0 的社会文化类有变异单手势词所受到的汉语影响也是微乎其微的。

2. 仅一个变体0的社会文化类有变异多手势词构造类型及数量、占比研究

（1）仅一个变体0的社会文化类有变异多手势词的构造类型分析

仅一个变体0的社会文化类有变异多手势词58个，变体0也是58个。这58个多手势词的变体0中纯手语词6个，汉语借词（仿译词）52个。

A. 纯手语词

"开玩笑"的"开"是仿字，"开学"的"开"却不是仿字，这都是就其常见变体而言的，事实上，前者的罕见变体中"开"不是仿字，而后者的次常见变体中"开"却是仿字，刚好相反。

其中有6个纯手语词：礼物、藏族、题目、端午节、清明节、圣诞节。这6个纯手语词的语素构成如下：

礼物：东西+送礼物

藏族：牦牛+哈达+族

题目：题目+条文

端午节：粽子+节

清明节：扫墓+节

圣诞节：大胡子（圣诞老人）+节

另外，以上6个词在中国手语中还有非常见变体。"礼物"有两个仿译变体：a. 礼（敬礼）+物；b. L+物。"藏族"有一个仿译变体：藏（"躲藏"谐音）+族。"题目"有一个仿译变体：题目+目。"清明节"有一个纯手语变体和一个仿译变体，分别为：a. 坟墓+节；b. 清+明+节。"圣诞节"有一个纯手语变体和一个仿译变体，分别为：a. 塔松（圣诞树）+节；b. 十二月二十五+节。"端午节"也有一个罕见的仿译变体：五五+节。

B. 汉语借词（仿译词）

52个仿译词，其中有13个不完全仿译词，39个完全仿译词。

a. 不完全仿译词

不完全仿译词指的是大体上借用某个汉语词的整体结构，而对其内部构成成分却只是部分借用，且意译即可（但不排斥"音"译，即指拼、仿字、书空等形式借用），另外一部分则仍为手语材料。这有点类似于有声语言（借词）中的半音半意词，但两者又不可同日而语：不完全仿译词仍然属于结构仿译，即结构上的借用。

不完全仿译或可谓之局部仿译，即大体结构的借用，或结构上的大体借用，而非精确的结构仿译。而其内部构成成分的一部分（部分借用）可以采取意译，即意义上的借用，但也不排斥"音"译，即指拼、仿字、书空等形式上的借用。

52个仿译词中，有如下13个不完全仿译词：

放牧：放+放牧（抽鞭子驱赶牲口）
节目：节（节日）+条文
贪污：贪+大口吞下
目标：目+目标
法律：F+条文
效果：好+果
杂志：杂+书报
作证：做+作证
工程："工"+建筑
规定：整理+定
管理：管理（负责）+理（整理）
奥运会：环（五环）+运动+会
工资："工"+钱

词内语素加着重号者为对汉语词内部成分的借用（意译或"音"译）。这13个词内部成分的部分借用，有10个采取意译，3个采取"音"译（两个仿字："工程""工资"中的"工"字；一个指拼:"法律"中的"F")。

b. 完全仿译词

完全仿译词包括含有"音"译成分和不含"音"译成分两种类型。52个仿译词中,有39个完全仿译词,其中含有"音"译成分的仿译词12个,不含"音"译成分的仿译词27个。

含有"音"译成分的仿译词12个(说明:"音"译即形式借用,此处有指拼和仿字两种):

道理(道+L)　　　　工业("工"+"业")
地理(道+L)　　　　公司("公"+"司")
化学(H+学)　　　　农业(农+"业")
软件(软+J)　　　　品牌("品"+牌)
生肖(生+X)　　　　奖品(奖+"品")
开玩笑("开"+玩+笑)　民族("民"+族)

此处"音"译成分有指拼和仿字两种,以上12个词中包含指拼的有5个,包含仿字的有7个。

包含指拼的5个词是:道理(道+L)、地理(道+L)、化学(H+学)、软件(软+J)、生肖(生+X),分别包含L、H、J、X等指拼,其中L出现两次。

其余7个词则包含仿字,分别为:"开""工""业""公""司""品""民"等字,其中"业""品"均出现两次。

不含"音"译成分的仿译词,即纯手语材料(仅结构借用而无形式借用的)仿译词27个:

提醒	复制	节日	生物	协会	中秋节
通知	汉语	金牌	事情	英语	打折
成绩	汉字	开学	外语	语文	
春节	汉族	论文	文化	作文	
大学	机会	魔术	文学	作业	

第五章 中国手语社会文化类常用词构造类型分布及变异性研究

(2) 仅一个变体 0 的社会文化类有变异多手势词构造类型的数量、占比统计分析

58 个仅一个变体 0 的社会文化类有变异多手势词中，纯手语词 6 个，占 10%；仿译词 52 个，占 90%，可见这些多手势词中绝大部分为汉语借词，且均为结构借用的仿译词。

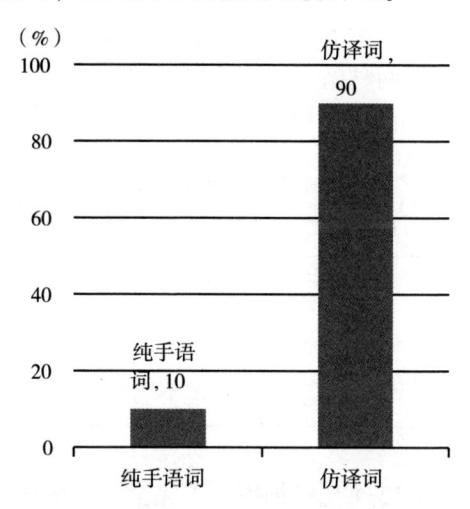

图 5.13　58 个多手势词中纯手语词与仿译词的占比
（仅一个变体 0 的社会文化类多手势词）

图 5.13 显示，汉语借词（仿译词）在 58 个仅一个变体 0 的社会文化类多手势词中占压倒优势（高达 90%），而纯手语词仅占到一成，这说明社会文化类有变异多手势词所受到的汉语影响非常之大。

将图 5.13 与前文中基本无变异多手势词中纯手语词与仿译词占比的柱形图（见图 5.4）相比较，巧合的是，图 5.13 中纯手语词和汉语借词的比例，与两者在前面 20 个基本无变异多手势词中的比例竟然分毫不差地完全相同。

和基本无变异多手势词一样，此处有变异多手势词中纯手语词和汉语借词的比例，也与上文单手势词中的情况刚好相

反。另外，这里的借词也都是仿译词，这说明汉语影响中国手语中这类词的主要方式也是结构借用（借用汉语词的内部结构）。

仿译词可分为完全仿译词和不完全仿译词两种类型，其内部均有可能包含"音"译成分。下面我们将 58 个仅一个变体 0 的社会文化类多手势词中的 52 个汉语借词（仿译词），分为完全仿译词和不完全仿译词两种情况，列表统计其中有"音"译成分词和无"音"译成分词的数量与占比。

表 5.5　　　　　　　仿译词的类型及其数目

（仅一个变体 0 的社会文化类有变异多手势词中的 52 个仿译词）

	完全仿译词	不完全仿译词	合计	合计占比
有"音"译成分	12	3	15	29%
无"音"译成分	27	10	37	71%
合计	39	13	52	

表 5.5 显示，52 个仿译词中，不完全仿译词 13 个，完全仿译词 39 个。不完全仿译词中，有"音"译成分的 3 个，无"音"译成分的 10 个；完全仿译词中，有"音"译成分的 12 个，无"音"译成分的 27 个，

两者合计，全部 52 个仿译词中，有"音"译成分的共 15 个（3+12），占 29%；无"音"译成分的共 37 个（10+27），占 71%。可见，这些仿译词在结构借用中又混进了相当比重的形式借用，即仿译词的内部又包含了相当一部分的"音"译成分。这与社会文化类基本无变异多手势词中的仿译词情况差不多。

52 个仿译词中有"音"译成分词和无"音"译成分词之占比，下面以柱形图展示。

图 5.14 显示，全部 52 个仿译词中，将近三成含有"音"译

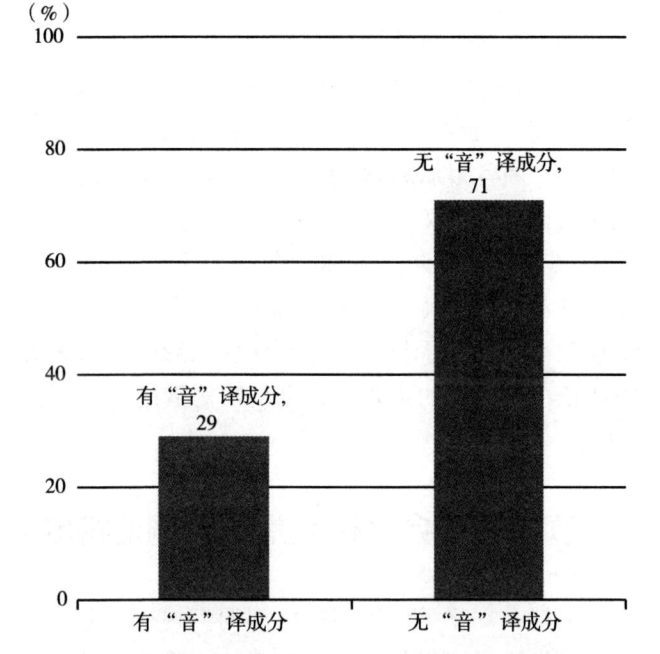

图 5.14　52 个仿译词中有、无"音"译成分词的占比
(仅一个变体 0 的社会文化类多手势词)

成分。这说明,仅一个变体 0 的社会文化类多手势词中的仿译词,与社会文化类基本无变异多手势词中的仿译词一样,也在结构借用中混进了一部分形式借用,这确实是中国手语汉语借词的一大特点。

(三) 小结

社会文化类有变异词的构造类型及其数量、占比要分为两种情况。

(1) 不止一个变体 0 的词 21 个 (总共 44 个变体 0) 中,纯手语词占大部分 (75%),汉语借词占少部分 (25%)。单手势词占大部分（77%），多手势词占少部分（23%）。

（2）仅一个变体 0 的词 155 个（变体 0 也是 155 个），又分为单手势词和多手势词两种情况：

A. 社会文化类有变异单手势词（97 个）中，绝大部分都是纯手语词，这些纯手语词中规约性手势占比最高，象似性手势也达到了一定比重，两者相加高达 98%，可以说占绝对优势；而汉语借词在其中占比极低，仅 2%。

B. 汉语借词（仿译词）在 58 个仅一个变体 0 的社会文化类多手势词中占绝对优势（高达 90%），而纯手语词仅占到一成，这说明社会文化类有变异多手势词所受到的汉语影响非常之大。汉语影响中国手语中这类词的主要方式也是结构借用（借用汉语词的内部结构）。

三　中国手语社会文化类常用词词汇构成研究

中国手语社会文化类常用词的内部词汇构成，指的是中国手语社会文化类常用词词汇是由哪些类型的词所构成以及社会文化类常用词中各种类型的词相互之间的数量配比关系，亦即社会文化类常用词中各种不同构造类型的词的数量与占比，以及它们在社会文化类常用词中的分布状况等。此处"不同构造类型的词"是从整体上大而言之，仅指单手势词和多手势词，以及纯手语词和汉语借词。

关于中国手语社会文化类常用词的词汇构成，上面两节已从细处做了数据统计和描写说明，本节是从整体上进行考察。整体而言，中国手语社会文化类常用词的词汇构成，可以从单手势词和多手势词在其中的分布状况，以及纯手语词和汉语借词在其中的分布状况这两个方面去考察。

本节拟通过对 277 个①社会文化类常用词 300 个变体 0 中的单手势词和多手势词、纯手语词和汉语借词进行统计分析，描写它们在这 300 个变体 0 中的分布状况，从而揭示中国手语社会文化类常用词的词汇构成面貌，同时展示其所受汉语影响的程度。

（一）单手势词和多手势词在社会文化类常用词中的分布特点研究

中国手语词的构造类型从大的方面可分为单手势词和多手势词两种，社会文化类常用词中单手势词和多手势词的数量与占比，如表 5.6 所示。

表 5.6　　单手势词与多手势词在社会文化类词（变体 0）
中的数量与占比

（277 个社会文化类常用词，共 300 个变体 0）

			单手势词	多手势词	合计
无变异词		数量	81	20	101
		占比	80%	20%	
有变异词	不止一个变体 0	数量	34	10	44
		占比	77%	23%	
	仅一个变体 0	数量	97	58	155
		占比	63%	37%	
	小计	数量	131	68	199
		占比	66%	34%	
合计		数量	212	88	300
		占比	71%	29%	

单手势词和多手势词在社会文化类常用词 300 个变体 0 中的占

---

① 词汇语料库中总共 286 个社会文化类常用词，去掉其中 9 个无常见变体的词，剩下 277 个有常见变体的词为本章研究对象。

比分别为71%和29%。在基本无变异词和有变异词中的详细情况是：单手势词与多手势词在基本无变异词中占比分别为80%和20%，在有变异词的变体0中占比分别为66%和34%。而在有变异词的内部，在不止一个变体0的词中占比分别为77%和23%，在仅一个变体0的词中占比分别为63%和37%。由此可见，社会文化类常用词无论有无变异、有变异的无论是一个变体0还是两个（或两个以上）变体0，其中虽有相当数量的多手势词，但是在任何一类中单手势词均占很大的优势。

图5.15直观地显示出两者整体上的数量对比：

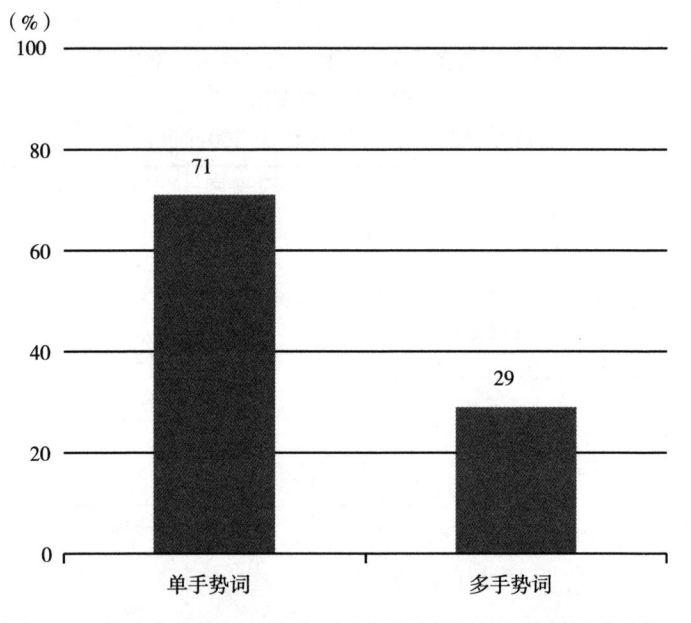

图5.15 社会文化类词（变体0）中单手势词与多手势词的占比
(277个社会文化类常用词，共300个变体0)

图5.15显示，社会文化类常用词300个变体0中单手势词和多手势词的占比分别为71%和29%。两者在社会文化类常用词中的占比差距很大，单手势词占很大的优势。

图 5.16 则清楚地显示出两者在社会文化类常用词（变体 0）中的分布状况：

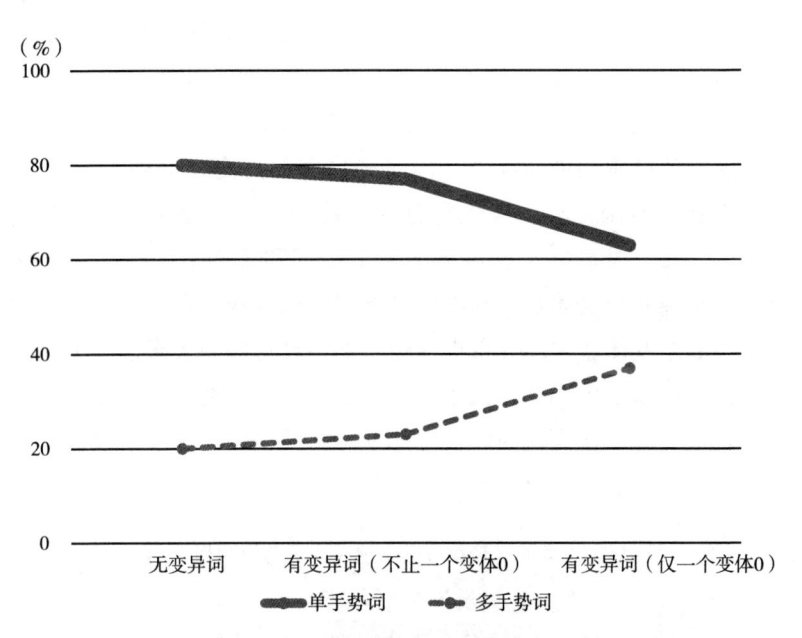

图 5.16　单手势词与多手势词在社会文化类（变体 0）中的分布
（277 个社会文化类常用词，共 300 个变体 0）

图 5.16 中粗实线为单手势词，细虚线为多手势词。图 5.16 显示：无论是在无变异词中，还是在有变异词（不止一个变体 0）或有变异词（仅一个变体 0）中，单手势词的占比均占很大的优势，其分布线始终高居于 60% 以上（分别为 80%、77%、63%）；而多手势词的占比明显处于劣势，其分布线始终处在 40% 以下（分别为 20%、23%、37%）。

另外，从无变异词到有变异词，有变异词从不止一个变体 0 到仅一个变体 0 的情况，单手势词的分布曲线呈轻微下降趋势，而多手势词的分布曲线则呈轻微上升趋势。

(二) 纯手语词和汉语借词在社会文化类常用词中的分布特点研究

根据词的来源,中国手语中的词可分为纯手语词和汉语借词两种,从词的构造而言,两者分属于中国手语词的两种不同构造类型。

下面,我们就分别列表来表示纯手语词和汉语借词在中国手语社会文化类常用词 300 个变体 0 的数量与占比(见表 5.7),以及两者在(常用)社会文化类有变异词的 199 个变体 0 中的数量与占比,在此基础之上,再绘出纯手语词和汉语借词在社会文化类常用词 300 个变体 0 中的占比柱形图,以及两者在社会文化类常用词 300 个变体 0 中的分布折线图,并结合这些图表来描写和说明纯手语词和汉语借词在中国手语文化类常用词中的整体分布状况。

社会文化类常用词 300 个变体 0 中,纯手语词和汉语借词的数量与占比,列表如下(见表 5.7):

表 5.7　社会文化类词(变体 0)中纯手语词与汉语借词的数量与占比(总表)

(277 个社会文化类常用词,共 300 个变体 0)

			纯手语词	汉语借词	合计
无变异词	单手势	数量	79	2	81
		占比	98%	2%	
	多手势	数量	2	18	20
		占比	10%	90%	
	小计	数量	81	20	101
		占比	80%	20%	
有变异词	单手势	数量	126	5	131
		占比	96%	4%	
	多手势	数量	8	60	68
		占比	12%	88%	
	小计	数量	134	65	199
		占比	67%	33%	

续表

合计		纯手语词	汉语借词	合计
	数量	215	85	300
	占比	72%	28%	

由于社会文化类有变异词内部又包括两种情况：(1) 不止一个变体0；(2) 仅一个变体0。因此，再将社会文化类有变异词变体0中纯手语词与汉语借词的数量与占比，分两种情况详列如下：

表 5.8　社会文化类有变异词（变体0）中纯手语词与汉语借词的数量与占比

（社会文化类176个有变异的词，共199个变体0）

			纯手语词	汉语借词	合计
不止一个变体0的21个词	单手势	数量	31	3	34
		占比	90%	10%	
	多手势	数量	2	8	10
		占比	20%	80%	
	小计	数量	33	11	44
		占比	75%	25%	
仅一个变体0的155个词	单手势	数量	95	2	97
		占比	98%	2%	
	多手势	数量	6	52	58
		占比	10%	90%	
	小计	数量	101	54	155
		占比	65%	35%	
合计		数量	134	65	199
		占比	67%	33%	

从表5.7和表5.8可以看出，整体而言，社会文化类常用词

(总共 300 个变体 0) 中汉语借词占有一定的比重,达到了 28%。但纯手语词还是占很大的优势,高达 72%,且纯手语词在无变异词中,比在有变异词中所占比重更高:在前者中占 80%,在后者中则占 67%。

纯手语词在社会文化类常用词中占很大优势。社会文化类常用词大部分是纯手语词,少部分为汉语借词,图 5.17 直观地显示出两者的数量对比:

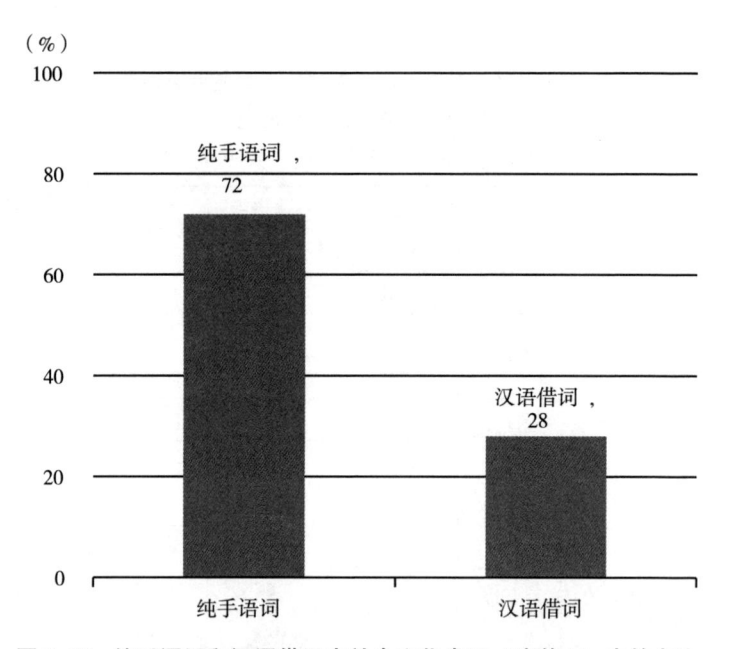

图 5.17 纯手语词和汉语借词在社会文化类词(变体 0)中的占比
(277 个社会文化类常用词,共 300 个变体 0)

图 5.17 显示,社会文化类常用词 300 个变体 0 中纯手语词和汉语借词的占比分别为 72% 和 28%。两者在社会文化类常用词中的占比差距很大,纯手语词占很大的优势。

纯手语词与汉语借词在单手势词和多手势词中的分布趋势刚

好相反，下面是纯手语词和汉语借词在社会文化类常用词 300 个变体 0 中的分布折线图，清楚地展示出这两种刚好相反的趋势：

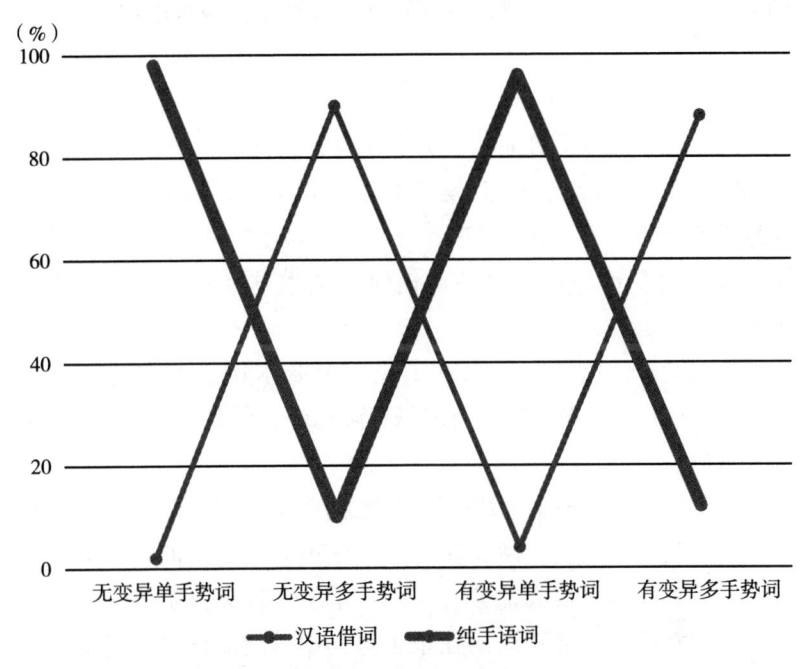

(%)
100
80
60
40
20
0
　　无变异单手势词　　无变异多手势词　　有变异单手势词　　有变异多手势词
　　　　　　──●──汉语借词　　──●──纯手语词

图 5.18　纯手语词和汉语借词在社会文化类词（变体 0）中的分布
（277 个社会文化类常用词，共 300 个变体 0）

图 5.18 中粗线为纯手语词，细线为汉语借词。图 5.18 显示：纯手语词和汉语借词在单手势词和多手势词中的分布趋势刚好相反。

纯手语词的分布线在无变异单手势词和有变异单手势词中均高居峰顶，占比分别为 98% 和 96%；而在无变异多手势词和有变异多手势词中则处在谷底，占比分别为 10% 和 12%。

汉语借词的分布线则刚好与之相反，在无变异单手势词和有变异单手势词中均跌入谷底，占比分别为 2% 和 4%；而在无变异多手势词和有变异多手势词中则也可谓高居峰顶，占比分别为

90%和88%。

可见，社会文化类常用词无论有无变异，纯手语词在单手势词中占绝对优势，而汉语借词则在多手势词中占绝对优势。

(三) 小结

单手势词和多手势词在社会文化类常用词中的占比差距很大，单手势词占很大的优势。社会文化类常用词无论有无变异、有变异的无论是一个变体0还是两个（或两个以上）变体0，其中虽有相当数量的多手势词，但是在任何一类中单手势词均占很大的优势。

从无变异词到有变异词（不止一个变体0），再到有变异词（仅一个变体0），单手势词有轻微下降趋势，而多手势词则呈轻微上升态势。

汉语借词在中国手语社会文化类常用词中达到了一定的比重，但仍远不及纯手语词，两者在社会文化类常用词中的占比差距很大，纯手语词仍占很大优势。两者在单手势词和多手势词中的分布趋势刚好相反：纯手语词在单手势词中占绝对优势，而汉语借词则在多手势词中占绝对优势。

这说明中国手语社会文化类常用词所受汉语影响明显加大，而且主要是以仿译的形式影响其中的多手势词。

四　中国手语社会文化类常用词变异性研究

社会文化类常用词中出现了9个无变体0的词，在全部286个社会文化类常用词中占3%。无变体0就意味着这些词无常见变体，也就是说这些词的各种变体五花八门，其中没有一个优势变体，因此，这些词属于变异性很强的词，不在中国手语的"公约数"范围之内，不属于自然形成的中国手语词汇系统的共同部分。虽然无变体 0 的词在全部社会文化类常用词中相对而言量少、占比低，但这还是能够说明，社会文化类常用词的变异显然要大于性状类常用词和动作类常用词，后两者中没有这类词。

在 277 个有变体 0 的社会文化类常用词中，基本无变异词 101 个，占 36%；有变异词 176 个，占 64%。后者比前者高了 28 个百分点，这也跟性状类和动作类常用词中的情况很不一样。基本无变异词和有变异词在性状类常用词中可以说是平分秋色，各占 50%，说明其既有稳定性又有变异性。两者在动作类常用词中的情况与性状类常用词差不多，稍有不同的是，后者在动作类常用词中的占比比前者高了 5 个百分点，这说明动作类常用词同样既有稳定性又有变异性，但是其变异性相对于性状类常用词来说要稍微大一些。而社会文化类常用词中有变异词比基本无变异词的占比高了 28 个百分点，这说明，整体而言，社会文化类常用词的变异性要明显大于稳定性。

而这 176 个社会文化类有变异词中，不止一个变体 0 的词 21 个（其变体 0 则有 44 个），在有变异词中占 12%；仅一个变体 0 的词 155 个，占 88%。前者不止一个变体 0，因此其变异性远比后者要强，虽然相对于后者而言其占比仍然不算高，后者在社会文化类有变异词中仍然占压倒优势，但是相对于性状类和动作类常用词而言，就可以看到社会文化类常用词有变异词的变异性明显增强了。不止一个变体 0 的词在性状类常用词中没有出现；而在动作类常用词中也仅有一个，在动作类有变异词中占比不足 2%（动作类有变异 62 个）。

下面我们再通过规约性手势、象似性手势和汉语借词这三类手势在基本无变异词和仅一个变体 0 的有变异词中的数量与占比，来看三类手势的具体变异情况。综合表 5.1 和表 5.4，得到下面的表 5.9。

表 5.9 三类手势在基本无变异词和仅一个变体 0 的词中的数量与占比

（社会文化类基本无变异词 81 个，仅一个变体 0 的有变异词 97 个）

			数量（个）		占比（%）	
基本无变异词	规约性手势	纯手语词	56	79	69	97
	象似性手势		23		28	
	汉语借词		2		3	
	小计		81			
有变异词（仅一个变体 0）	规约性手势	纯手语词	79	95	82	98
	象似性手势		16		16	
	汉语借词		2		2	
	小计		97			
总计			178			

表 5.9 显示，规约性手势在社会文化类基本无变异词和有变异词中的占比分别为 69% 和 82%，在后者中的占比比在前者中高了 13 个百分点；象似性手势在社会文化类基本无变异词和有变异词中的占比分别为 28% 和 16%，在后者中的占比比在前者中低了 12 个百分点；汉语借词在社会文化类基本无变异词和有变异词中的占比分别为 3% 和 2%。[①]

这说明相对于社会文化类常用词的整体变异情况而言，规约性手势的变异性较大，而象似性手势的变异性较小，这也符合中国手语词汇变异的总趋势：任意性越强的手势越容易发生变异，而象似性和理据性越强的手势则越稳定。

[①] 社会文化类基本无变异词和有变异词中汉语借词的数量都很少，因此看不出其在两者中的占比有什么差别。

五　本章小结

社会文化类常用词与前面讨论的性状类常用词和动作类常用词有两个明显不同之处：一是社会文化类常用词中出现了少量无变体 0 的词，这说明社会文化类常用词的变异要大于性状类和动作类常用词。二是社会文化类常用词纯手语词中出现了少量多手势词，而汉语借词中的多手势词更是达到了极高的比例，这说明相对于性状类和动作类常用词来说，社会文化类常用词的构造趋向于复杂化。

社会文化类常用词无论有无变异，有变异的无论是一个变体 0，还是两个或两个以上的变体 0，都包含单手势词和多手势词两个部分，且都是单手势词占大部分，多手势词占少部分。社会文化类基本无变异词和有变异词的构造类型及其数量、占比情况如下。

(一) 社会文化类基本无变异词的构造类型及其数量与占比

(1) 基本无变异单手势词中，绝大部分都是纯手语词，规约性手势占比最高（69%），象似性手势也达到了一定比重（28%），两者相加更是高达 97%，可以说占绝对优势；而汉语借词在其中占比极低，仅 3%。

(2) 基本无变异多手势词中，汉语借词（仿译词）占压倒优势（高达 90%），而纯手语词仅占到一成，这说明社会文化类基本无变异多手势词所受到的汉语影响非常之大，这与基本无变异单手势词的情况刚好相反。

(二) 社会文化类有变异词的构造类型及其数量与占比

(1) 不止一个变体 0 的词中，纯手语词占大部分，汉语借词占少部分。

（2）仅一个变体0的词，也分为单手势词和多手势词两种情况：

A. 有变异单手势词中，绝大部分都是纯手语词，这些纯手语词中规约性手势占比最高（82%），象似性手势也达到了一定比重（16%），两者相加更是高达98%，可以说占绝对优势；而汉语借词在其中占比极低，仅2%。

B. 有变异多手势词中，汉语借词（仿译词）占压倒优势（高达90%），而纯手语词仅占到一成，这说明与基本无变异多手势词一样，（仅一个变体0的）有变异多手势词所受到的汉语影响也非常之大（而这也与有变异单手势词中的情况刚好相反）。

（三）汉语影响中国手语社会文化类常用词的主要方式

社会文化类常用词中的汉语借词绝大部分分布在多手势变体0中，而社会文化类多手势变体0中的汉语借词均为仿译词，包括完全仿译词和不完全仿译词两种，两者均有可能包含"音"译成分。

社会文化类常用词多手势变体0中，无论是基本无变异词还是有变异词，有变异词无论是不止一个变体0的还是仅一个变体0的，汉语借词均占绝对优势，且均为仿译词，不过其中有些仿译词中含有"音"译成分，但是含有"音"译成分的仿译词在基本无变异词和有变异词中的占比均不算高。社会文化类多手势变体0总共88个，① 其中汉语借词（仿译词）总共78个，② 汉语借词在社会文化类多手势变体0中的占比高达89%。而这78个汉语借词

---

① 多手势变体0在社会文化类基本无变异词中20个，在有变异词不止一个变体0的词中10个，仅一个变体0的词中58个。

② 汉语借词在社会文化类基本无变异词中18个，在有变异词不止一个变体0的词中8个，仅一个变体0的词中52个。

中，有"音"译成分的总共23个，[①] 占29%；无"音"译成分的总共55个，[②] 占71%。

中国手语借用汉语的方式有"音"译和仿译两大类，"音"译属于形式借用，即借用汉语字词的形、音、义，包括仿字、书空和指拼三类；仿译则属于结构借用，即借用汉语词的内部结构，包括完全仿译和不完全仿译两类。不完全仿译即局部仿译，亦即大体结构的借用，而非精确的结构仿译。

统计结果证明汉语影响中国手语社会文化类常用词的主要方式为仿译，亦即结构借用，也就是借用汉语词的内部结构。而含有"音"译成分的仿译词占有一定的比重，又说明在结构借用中还包含着一定程度的形式借用，这是中国手语汉语借词的一大特点，也是汉语影响中国手语的途径之一。

(四) 社会文化类常用词的变异情况

社会文化类常用词中有变异词比基本无变异词的占比高了28个百分点，这说明整体而言社会文化类常用词的变异性要明显大于稳定性。相对于其整体变异情况，社会文化类常用词中规约性手势的变异性较大，而象似性手势的变异性较小，这符合中国手语词汇变异的总原则：任意性越强的手势越容易发生变异，而象似性和理据性越强的手势则越稳定。

[①] 有"音"译成分的，在基本无变异多手势词中7个。在有变异多手势词，不止一个变体0的词中1个；仅一个变体0的多手势变体0中，不完全仿译词中3个，完全仿译词中12个。

[②] 无"音"译成分的，在基本无变异多手势词中11个。在有变异多手势词，不止一个变体0的词中7个；仅一个变体0的多手势变体0中，不完全仿译词中10个，完全仿译词中27个。

第六章

中国手语常用词构造类型分布的整体考察

一 中国手语常用词构造类型分布及变异性整体情况总结

中国手语词汇数据库中标为"性状类""动作类"和"社会文化类"的常用词总共 614 个,由前面第三、四、五章的研究可知,其中无常见变体(变体 0)的词 14 个(性状类 4 个,动作类 1 个,社会文化类 9 个),仅占 2%;有常见变体(变体 0)的词 600 个,占比高达 98%。可见,中国手语性状类、动作类和社会文化类常用词,绝大部分都有常见变体。常见变体是中国手语词汇中的共同部分和稳定性成分,由此可见,中国手语常用词整体而言是稳定的。

这 600 个有常见变体(变体 0)的词中,基本无变异词 259 个(性状类 101 个,动作类 57 个,社会文化类 101 个),占 43%;有变异词 341 个(性状类 103 个,动作类 62 个,社会文化类 176 个),占 57%。可见中国手语常用词既有稳定性又有变异性。

虽然有变异词占比要高于基本无变异词(高了 14 个百分点),但是这些有变异词都是有常见变体的,因此整体而言中国手语常用词的稳定性还是高于变异性的。

由于有一部分词的常见变体不止一个,因此 600 个中国手语性状类、动作类和社会文化类常用词的常见变体(变体 0)总共有 624 个(性状类 204 个,动作类 120 个,社会文化类 300 个)。这

624个常见变体中，纯手语词常见变体518个：性状类188个，动作类115个，社会文化类215个。① 汉语借词常见变体106个：性状类16个，动作类5个，社会文化类85个。② 中国手语性状类、动作类和社会文化类词624个常见变体中，纯手语词占83%，汉语借词占17%，可见，整体而言，汉语借词对中国手语常用词的影响不大，主要影响其中的社会文化类词。③

中国手语性状类、动作类和社会文化类词④518个纯手语词常见变体中，多手势词8个，占2%；单手势词510个，占98%。

中国手语性状类、动作类和社会文化类词106个汉语借词常见变体，仿译词92个，占87%；其他（仿字、书空等）14个，占13%。仿译词绝大部分是多手势词，也有少量仿译融合式（如"关心""大胆"等）为单手势词。

由此可见，中国手语常用词纯手语词中单手势词整体上占绝对优势（98%），多手势词占比极低（2%）；而汉语借词中仿译词（仿译词绝大部分为多手势词）占优势（87%），其他形式相对较少（13%）。

二 三类手势在仅一个变体0的常用单手势词中的数量与占比

最后我们来总结一下仅一个变体0的中国手语常用单手势词中规约性手势、象似性手势和汉语借词的数量与占比情况。先看

---

① 纯手语词常见变体518个：性状类基本无变异词常见变体94个，有变异词常见变体94个；动作类基本无变异词常见变体54个，有变异词常见变体61个；社会文化类基本无变异词常见变体81个，有变异词常见变体134个。
② 汉语借词常见变体106个：性状类基本无变异词常见变体7个，有变异词常见变体9个；动作类基本无变异词常见变体3个，有变异词常见变体2个；社会文化类基本无变异词常见变体20个，有变异词常见变体65个。
③ 汉语借词在性状类常用词中有16个，占8%；在动作类常用词中有5个，占4%；在社会文化类词中有85个，占28%。
④ 中国手语性状类、动作类和社会文化类词总共600个，共有624个常见变体。

表 6.1。

表 6.1 统计三类手势在仅一个变体 0 的中国手语性状类、动作类和社会文化类常用单手势词中的数量与占比。

表 6.1　三类手势在仅一个变体 0 的单手势词中的数量与占比（1）

单位：个

	性状类			动作类			社会文化类		
	规	象	借	规	象	借	规	象	借
基本无变异词	76	18	4	24	30	0	56	23	2
有变异词	77	17	2	28	31	1	79	16	2
合计	153	35	6	52	61	1	135	39	4
	194			114			178		
				486					
比率	79%	18%	3%	46%	53%	1%	76%	22%	2%

说明：

1. 204 个性状类常用词，均只有一个常见变体，除了 10 个汉语仿译词（基本无变异词中 3 个，有变异词中 7 个）之外，其他 194 个均为单手势词。

2. 119 个动作类常用词，其中不止一个常见变体的词 1 个，仅一个常见变体的词 118 个，这 118 个词除了 4 个汉语仿译词（基本无变异词中 3 个，有变异词中 1 个）之外，其他 114 个均为单手势词。

3. 277 个社会文化类词，其中不止一个常见变体的词 21 个（常见变体 44 个）；仅一个常见变体的社会文化类常用词 256 个，其中多手势词 78 个，单手势词 178 个。因此表 6.1 中社会文化类词常见变体单手势词 178 个。

4. 表中"比率"指三类手势分别在性状类、动作类和社会文化类常用单手势词中的占比。

表 6.1 显示，仅一个变体 0 的中国手语性状类、动作类和社会文化类常用单手势词总共 486 个，其中性状类 194 个，动作类 114 个，社会文化类 178 个。此表分别统计了规约性手势、象似性手势和汉语借词在（仅一个变体 0 的）性状类、动作类和社会文化类常用单手势词内部基本无变异词和有变异词中的数量，以及三类手势在（仅一个变体 0 的）性状类、动作类和社会文化类常用单

手势词的占比。三类手势在这些常用单手势词的占比分别为：79%、18%、3%（性状类）；46%、53%、1%（动作类）、76%、22%、2%（社会文化类）。

下面再看表6.2。

表6.2 在表6.1统计三类手势在（仅一个变体0的）性状类、动作类和社会文化类常用单手势词内部基本无变异词和有变异词中的数量的基础之上，进一步统计纯手语词和汉语借词在全部486个常用单手势词中的数量与占比，以及规约性手势和象似性手势在475个纯手语词中的数量与占比。

表6.2 三类手势在仅一个变体0的单手势词中的数量与占比（2）

单位：个

		规约性手势	象似性手势	汉语借词
基本无变异词	性状类	76	18	4
	动作类	24	30	0
	社会文化类	56	23	2
有变异词	性状类	77	17	2
	动作类	28	31	1
	社会文化类	79	16	2
	小计	340	135	11
		475		
	总计	486		
	比率1	72%	28%	
	比率2	98%		2%

说明：

1. 比率1指规约性手势和象似性手势在475个纯手语词中的占比。
2. 比率2指纯手语词和汉语借词在全部486个常用单手势词中的占比。

表6.2显示，486个中国手语常用单手势词中，纯手语词475个，占98%；汉语借词11个，占2%。可见，汉语借词对中国手语常用单手势词的影响可以说是微乎其微。

475 个纯手语词中，规约性手势 340 个，占 72%；象似性手势 135 个，占 28%。无指示性手势。

三　两类手势在仅一个变体 0 的纯手语常用单手势词中的分布

由前面的统计结果可知，中国手语性状类、动作类和社会文化类词 624 个常见变体中，绝大部分为纯手语词，① 而纯手语词中单手势词又占绝对优势。② 纯手语单手势词总共 510 个，除去不止一个变体 0 的纯手语单手势词（35 个），仅一个变体 0 的纯手语单手势词也还有 475 个。③

因此，考察规约性手势与象似性手势在仅一个变体 0 的纯手语单手势词中的分布情况，基本上可以看出两者在中国手语常用词中的分布状况，同时也可由象似性手势在其中的数量与占比看出中国手语常用词的象似性程度。

综合表 6.1 和表 6.2 中性状类、动作类和社会文化类纯手语常用单手势词中规约性手势与象似性手势的数据，得到表 6.3：

表 6.3　仅一个变体 0 的纯手语单手势词中规约性与象似性手势的数量与占比　　　　　　　　　　　单位：个

	性状类		动作类		社会文化类		三类共计	
	规	象	规	象	规	象	规	象
	153	35	52	61	135	39	340	135
合计	188		113		174		475	
比率	81%	19%	46%	54%	78%	22%	72%	28%

---

①　624 个常见变体中，纯手语词 518 个，占 83%；汉语借词 106 个，占 17%。

②　518 个纯手语词中，单手势词 510 个，占比高达 98%，多手势词 8 个，仅占 2%。

③　仅一个变体 0 的纯手语单手势词 475 个，在 510 个纯手语单手势词中占 93%，在中国手语性状类、动作类和社会文化类词全部 624 个常见变体中占比也达到了 76%。

表 6.3 显示,（三类合计）475 个纯手语词中,规约性手势 340 个,占 72%；象似性手势 135 个,占 28%,前者在常用单手势词中的占比比后者高了 44 个百分点,其数量是后者的 2 倍多（2.5 倍以上）。两者在常用纯手语单手势词中的占比柱形图如下：

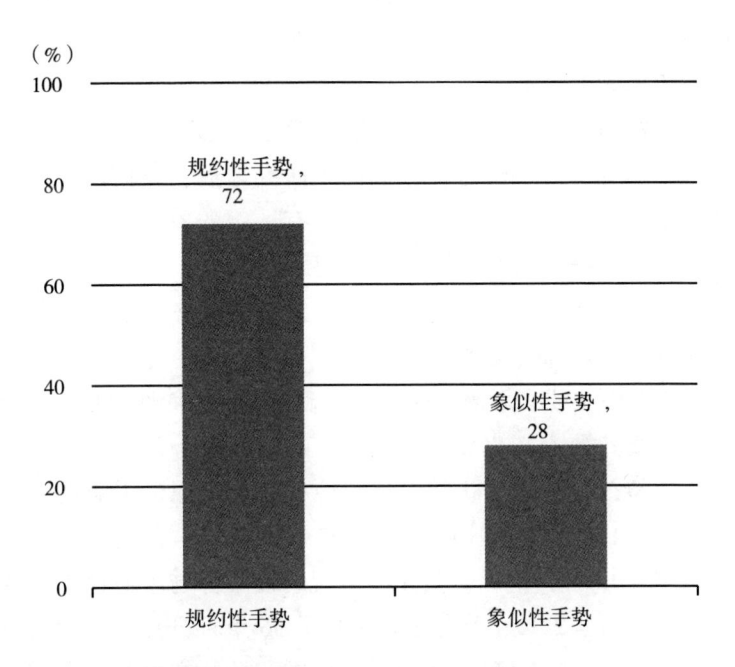

图 6.1　规约性手势与象似性手势在纯手语单手势词中的占比
（中国手语常用纯手语单手势词 475 个）

图 6.1 显示规约性手势与象似性手势在中国手语常用纯手语单手势词的占比相差很大。在中国手语常用单手势词中,规约性手势远远多于象似性手势。规约性手势主要反映任意性,这就意味着,在词和语素的层面上,从词的构造（或者说"造词法"）方面来看,如果与有声语言（如汉语）作比较,那么中国手语中存

在大量的象似性符号,显然其象似性程度要远远高于汉语;但是,如果从中国手语语言系统的内部来看,在其内部比较规约性手势与象似性手势这两类重要手势的数量与占比并研究两者的分布情况的话,那么可以看到,在词和语素的层面上,中国手语(手势或词)的任意性程度仍然要远远高于其象似性程度,因为规约性手势的占比要远远高于象似性手势。象似性手势只有28%的占比,因此就其本身来说,中国手语常用词在词和语素层面上的象似性程度并不算太高。如果没有具体详细的语料分析和一类一类的数据统计,粗粗一看中国手语似乎满眼都是外形和动作模拟、哑剧式比划,等等,可是经过仔细而深入研究之后,我们却发现,在词和语素的层面上,中国手语确实具有一定的象似性,但是整体而言其象似性程度远不及其任意性程度高。

不过,具体而言,规约性手势和象似性手势在三类常用词中的分布却并不均衡(见图6.2)。

图6.2中实线表示规约性手势,虚线表示象似性手势。此图显示,性状类和社会文化类常用词中,规约性手势占比明显都要远远高于象似性手势。性状类中规约性手势与象似性手势的占比分别为81%、19%,前者比后者高了62个百分点,前者数量是后者的4倍多(4.3倍)。社会文化类中规约性手势与象似性手势的占比分别为78%、22%,前者比后者高了56个百分点,前者数量是后者的3倍多(3.5倍)。可见,性状类和社会文化类常用词的象似性程度要低于中国手语常用词在整体上的象似性程度,而性状类的象似性程度又是其中最低的,这应该跟性状类词的语义特征有关,因为"性状"义比较抽象,大多无形可象。

与性状类和社会文化类不同的是,规约性手势与象似性手势在动作类常用词中却是大体上平分秋色的,且前者的占比还要略低于后者(低了8个百分点),这跟两者在性状类和社会文化类常用词中的分布情况与中国手语常用词的整体面貌均相去甚远。可

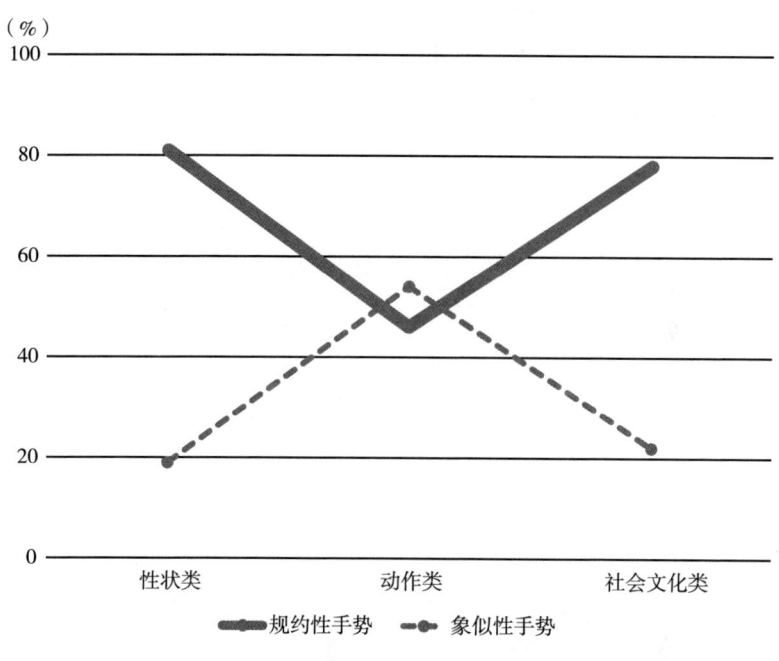

图 6.2 规约性手势与象似性手势在纯手语单手势词中的分布
（常用纯手语单手势词 475 个）

见，动作类常用词的象似性明显要远远高于性状类和社会文化类常用词，同时也明显高于中国手语常用词的整体象似性程度。动作类常用词在中国手语常用词中当属象似性程度最高的一类，究其原因，这应该与动作类常用词的语义特征有关，因为"动作"义在手语中更宜于以动仿手势来表达。

另外，与性状类和动作类常用词相比，中国手语社会文化类常用词有两个明显的特点：第一，社会文化类常用词中出现了少量无变体 0 的词，而性状类和动作类常用词中则完全没有这种现象。第二，社会文化类常用词纯手语词中出现了少量多手势词，而性状类和动作类常用词中则完全没有这种现象，性状类和动作类常用词中虽然也有少量多手势词,但仅限于汉语借词中的仿译词,在纯手语词中是没有的。

最后还需要指出的是,中国手语性状类、动作类和社会文化类常用词中均无指示性手势。

第七章

结　　论

本书利用复旦大学中国手语语料库中的词汇数据库，来研究中国手语的手势构造与词汇变体、各种构造类型在中国手语常用词中的分布、中国手语在词和语素层面上的象似性程度、常用词的变异性以及常用词所受汉语影响的程度与方式。本书对中国手语词汇语料中标注为"性状类""动作类""社会文化类"的常用词总共614个，语料库采自中国大陆境内30个主要城市的58份完整视频语料、总共35612个视频进行了考察，对其中有常见变体的600个词的常见变体的构造类型的数量与占比、各种构造类型在三类常用词中的分布情况及其变异性进行了统计分析和深入研究。本书的研究结论包括以下五个方面。

一　中国手语手势构造与词汇变体

中国手语的手势构造，即中国手语纯手语词中单手势词的构造类型与构造特点。如果单手势词的手势构造问题得到了解决，那么多手势词的手势构造问题也就能够迎刃而解。本书的研究范围为中国手语词的常见变体及次常见变体，而中国手语词的常见变体及次常见变体不一定都是北京变体或上海变体。

借用皮尔斯符号三分法理论，我们将中国手语中的手势（同时也是单手势词）分为规约性手势、象似性手势和指示性手势三种类型。中国手语中有大量的规约性手势、相当一部分象似性手势和少量的指示性手势（指示性手势主要是人称代词和指示代词，以及有些身体部位的名称）。由于纯粹的指示性手势很少，因此本书研究中国手语手势构造，只研究其中的规约性手势和象似性手势，不研究指示性手势。规约性手势指的是中国手语中高度约定俗成的手势，任意性很强，语义透明度很低；象似性手势指的是中国手语中模拟事物外形或人的动作因而带有某种象似性的手势，任意性相对较低且具有一定语义透明度的手势。

中国手语规约性手势包括五种类型：普通类、价值类、隐喻类、空间量类和提示类。第一种普通类是普通的规约性手势；第二种价值类包含（或融合）聋、听通用的"好""坏"价值判断手形；第三种隐喻类在手势构造方式中隐含着某种微妙的隐喻联系；第四种空间量类试图模拟抽象的空间量，尽可能地化抽象为具体，即以具体来表抽象；第五种提示类则含有提示性的动作符号。

中国手语象似性手势包括形仿和动仿两个大类，前者在"发音"上模拟事物的外形（亦兼动态），在语义上通常表示该事物或相关事物及其动态；后者模拟人的动作，在语义上表示该动作及相关事物或其他相关义。

形仿手势又可分为静态形仿手势和动态形仿手势两种类型，前者从静态的角度描摹事物（相对）静态的整体轮廓或局部特征（亦即仅模拟事物的外形）；后者则从动态的角度模拟事物的外形兼动态（亦即在模拟事物外形的同时还模拟事物的动态）。

动仿手势又可分为身体动作模拟类和操作模拟类。身体动作模拟类即对身体动作的模拟，可以不局限于手部的活动，而牵涉整个上身，有时甚至可以有脚的参与。操作模拟类手势，模拟行为限于手部动作，即在"发音"上模拟人用手对物体（工具、对象)的某种操作行为。

操作模拟类手势有两个不同的视角,一是主体视角,二是主、客体混合视角,前者可称为主体视点型,后者可称为主、客体混合视点型。主体视点型手势只模拟主体以手握持及操作(工具或对象)的方式,不以手形来模拟握持物或操作对象的形状。主、客体混合视点型手势则从主、客体混合的角度去模拟主体(人)对客体(工具或对象)的操作,手部运动表示主体的操作方式,同时手形还能大致地兼表客体(工具或对象)的局部或整体外形特征。

手语中的手势(或词),可能会产生语法变体或词汇变体,它们是两个完全不同的概念,前者指的是手语中同一个词的不同语法形式,后者指的是手语中同一个词的不同构造方式。

词汇变体,即同一个词的不同构造方式;或者毋宁说,是一组异形同义词(如果该词的词汇变体不止一个的话)。可能是中国手语中同一个词(或同一个意义)在不同地域或不同言语社团中的变体(或不同的表现形式);也有可能是中国手语中同一个词(或同一个意义)在同一地域乃至同一言语社团中的自由变体(或不同的表现形式)。本书之"异形同义词"是从中国手语整体而言的,不局限于某个方言点或某一特定的言语社团,因此它们有可能是地域变体、社会变体,也有可能是同一地域同一言语社团中的自由变体,甚至不排除个人因素所导致的特殊变体。

词汇变体的判定标准为"显著差异度"。手语中词汇变体的差异与差异度,主要取决于变体的构造类型和具体的构造方式这两个方面。如果(两个或两个以上)语义相同的形式,其构造类型或构造方式(包括模拟对象、模拟角度和模拟手段等)不同,那么这些形式之间的差异无疑是显著的,应该认定为具有"显著差异度",属于不同的词汇变体。

二 中国手语性状类常用词的构造、词汇构成与变异性

纯手语词与汉语借词在性状类常用词中的基本无变异词和有变异词中的分布趋势基本一致，纯手语词在两者中均可以说是占压倒优势，而汉语借词在两者中的占比均较低，不足10%。这说明整体而言，中国手语性状类常用词所受汉语影响不大。汉语影响中国手语性状类常用词的主要方式为仿译，其次为仿字。

性状类纯手语词中，规约性手势的占比远高于象似性手势，而且两者在基本无变异词和有变异词中的比率分布几乎完全一致，从基本无变异词到有变异词，两者在性状类纯手语词中的占比走势基本持平，一个始终居高，另一个始终偏低。究其原因，很可能是因为性状类词在语义上相对抽象，大多无"形"可"象"，而且通常跟具体动作的关系也不大，因此性状类词中有相当一部分是不便于模拟的，从而导致表性状的首选方式不是形仿或动仿，而任意性较强的规约性手势则刚好满足需要，应运而生。

整体而言，中国手语性状类常用词既有稳定性又有变异性，而且其中的规约性手势、象似性手势和汉语借词三个大类均与其整体情况保持一致，既有稳定性又有变异性，但是三大类内部各个小类的稳定性则是不平衡的：变异最小（稳定性最强）的是规约性手势中的空间量类，提示类次之；变异最大的是规约性手势中的普通类，汉语借词内部各小类的变异也比较大。变异的程度似与手势的任意性程度有关，理据性和象似性越强，手势就越稳定；而任意性越强，手势则越容易发生变异。

三 中国手语动作类常用词的构造、词汇构成与变异性

动作类常用词基本无变异词中，象似性手势和规约性手势两者几乎平分天下（象似性手势占比略高于规约性手势），而汉语借词占比极低，几乎可以忽略不计。规约性手势中普通类最多，象似性手势中动仿最多，形仿很少，而动仿手势中，操作类最多，身体类次之，混合类特别少。

跟基本无变异词一样，动作类常用词有变异词绝大部分为纯手语词，完全处于绝对优势；而汉语借词在其中占比极低。象似性手势占比略高于规约性手势（高了5个百分点），两者在有变异词中所占比例更为接近。规约性手势中普通类最多，无提示类和空间量类，其余两类（价值类和隐喻类）也很少；象似性手势中动仿最多，形仿很少，而动仿手势中，操作类最多，身体类次之，无混合类。

纯手语词与汉语借词在中国手语动作类常用词基本无变异词和有变异词中的分布趋势基本一致，纯手语词在两者中均占绝对优势，汉语借词在两者中的占比均极低。这说明中国手语动作类常用词所受汉语影响微乎其微，而汉语影响中国手语动作类常用词的方式是以仿译为主的。

从基本无变异词到有变异词，规约性手势在中国手语动作类常用词纯手语词中的占比略呈上升趋势，而象似性手势则呈轻微下降态势。但是，整体而言两者在中国手语动作类常用词纯手语词中的占比相差不大，基本持平。

整体而言，动作类常用词规约性手势中，普通类最多，无空间量类，其余三类则很少；象似性手势中，动仿最多，形仿很少；而动仿手势中，操作类最多，身体类次之，混合类特别少。

规约性手势中之所以无空间量类，是因为空间量类均为表示量（尤其是空间量）如高矮、长短、宽窄、远近等的性状词，动作类动词中没有空间量类手势很好理解。

象似性手势中之所以动仿最多、形仿很少，是因为动作类常用词主要是表示动作、行为，而不是表示事物外形的，因此自然动仿最多、形仿很少。

规约性手势中普通类最多，象似性手势中操作类最多，而规约性手势普通类是手语中最典型的任意性手势，任意性最强；象似性手势动仿类中的操作类在动仿手势中则属于象似性较弱的一类。（动作类常用词中）数量最多的是规约性手势中任意性最强的以及象似性手势中象似性较弱的类型，可见，虽然动作类常用词中规约性手势与象似性手势大体上平分秋色，前者占比还略低于后者，但是整体而言却趋向于任意性增强、象似性减弱，即趋向于任意性。

另外，整体而言，中国手语动作类常用词既有稳定性又有变异性，其变异性比前面第三章所讨论的性状类词要稍微大一些。

四　中国手语社会文化类常用词的构造、词汇构成与变异性

社会文化类常用词与前面讨论的性状类常用词和动作类常用词有两个明显不同之处：一是社会文化类常用词中出现了少量无变体0的词，这说明社会文化类常用词的变异要大于性状类和动作类常用词。二是社会文化类常用词纯手语词中出现了少量多手势词，而汉语借词中的多手势词更是达到了极高的比例，这说明相对于性状类和动作类常用词来说，社会文化类常用词的构造趋向于复杂化。

社会文化类常用词无论有无变异，有变异的无论是一个变体

0，还是两个或两个以上的变体 0，都包含单手势词和多手势词两个部分，且都是单手势词占大部分，多手势词占少部分。社会文化类基本无变异词和有变异词的构造类型及其数量、占比情况如下。

（一）社会文化类基本无变异词的构造类型及其数量与占比

（1）基本无变异单手势词中，绝大部分都是纯手语词，规约性手势占比最高（69%），象似性手势也达到了一定比重（28%），两者相加更是高达 97%，可以说占绝对优势；而汉语借词在其中占比极低，仅 3%。

（2）基本无变异多手势词中，汉语借词（仿译词）占压倒优势（高达 90%），而纯手语词仅占到一成，这说明社会文化类基本无变异多手势词所受到的汉语影响非常之大，这与基本无变异单手势词的情况刚好相反。

（二）社会文化类有变异词的构造类型及其数量与占比

（1）不止一个变体 0 的词中，纯手语词占大部分，汉语借词占少部分。

（2）仅一个变体 0 的词，也分为单手势词和多手势词两种情况：

A. 有变异单手势词中，绝大部分都是纯手语词，这些纯手语词中规约性手势占比最高（82%），象似性手势也达到了一定比重（16%），两者相加更是高达 98%，可以说占绝对优势；而汉语借词在其中占比极低，仅 2%。

B. 有变异多手势词中，汉语借词（仿译词）占压倒优势（高达 90%），而纯手语词仅占到一成，这说明与基本无变异多手势词一样，（仅一个变体 0 的）有变异多手势词所受到的汉语影响也非常之大（而这也与有变异单手势词中的情况刚好相反）。

(三) 汉语影响中国手语社会文化类常用词的主要方式

社会文化类常用词中的汉语借词绝大部分分布在多手势变体 0 中，而社会文化类多手势变体 0 中的汉语借词均为仿译词，包括完全仿译词和不完全仿译词两种，两者均有可能包含"音"译成分。

社会文化类常用词多手势变体 0 中，无论是基本无变异词还是有变异词，有变异词无论是不止一个变体 0 的还是仅一个变体 0 的，汉语借词均占绝对优势，且均为仿译词，不过其中有些仿译词中含有"音"译成分，但是含有"音"译成分的仿译词在基本无变异词和有变异词中的占比均不算高。

这说明汉语影响中国手语社会文化类常用词的主要方式为仿译，亦即结构借用，也就是借用汉语词的内部结构。而含有"音"译成分的仿译词占有一定的比重，又说明在结构借用中还包含着一定程度的形式借用，这是中国手语汉语借词的一大特点，也是汉语影响中国手语的途径之一。

(四) 社会文化类常用词的变异情况

社会文化类常用词中有变异词比基本无变异词的占比高了 28 个百分点，这说明整体而言社会文化类常用词的变异性要明显大于稳定性。相对于其整体变异情况，社会文化类常用词中规约性手势的变异性较大，而象似性手势的变异性较小，这符合中国手语词汇变异的总原则。

五 中国手语常用词结构类型分布及变异性的整体情况

(一) 中国手语常用词结构类型分布及变异性整体情况总结

中国手语性状类、动作类和社会文化类常用词，绝大部分都有常见变体。中国手语词汇数据库中性状类、动作类和社会文化类常用词总共614个，其中无常见变体（变体0）的词仅占2%；有常见变体（变体0）的词占比高达98%。常见变体是中国手语词汇中的共同部分和稳定性成分，可见中国手语常用词整体而言是稳定的。

而这绝大部分有常见变体（变体0）的词中，基本无变异词占43%；有变异词占57%。可见，中国手语常用词既有稳定性又有变异性。

虽然有变异词占比要高于基本无变异词（高了14个百分点），但是这些有变异词都是有常见变体的，因此整体而言中国手语常用词的稳定性还是高于变异性的。

中国手语词汇变异的总原则是：任意性越强的手势越容易发生变异，而象似性和理据性越强的手势则越稳定。

由于有一部分词的常见变体不止一个，因此600个中国手语性状类、动作类和社会文化类常用词的常见变体（变体0）总共有624个。这624个常见变体中，纯手语词占83%，汉语借词占17%，可见，整体而言汉语借词对中国手语常用词的影响不大，主要影响其中的社会文化类词。[①]

中国手语借用汉语的方式有"音"译和仿译两大类，"音"译属于形式借用，即借用汉语字词的形、音、义，包括仿字、书空和指拼三类；仿译则属于结构借用，即借用汉语词的内部结构，包括完全仿译和不完全仿译两类。不完全仿译即局部仿译，亦即大体结构的借用，而非精确的结构仿译。汉语影响中国手语词汇的主要方式为仿译，即结构借用。而含有"音"译成分的仿译词占有一定的比重，又说明在结构借用中还包含着一定程度的形

---

① 汉语借词在性状类常用词中有16个，占8%；在动作类常用词中有5个，占4%；在社会文化类常用词中有85个，占28%。

借用，这是中国手语汉语借词的一大特点，也是汉语影响中国手语的途径之一。

中国手语常用词纯手语词中单手势词占绝对优势（98%），多手势词占比极低（2%）；而汉语借词中仿译词（仿译词绝大部分为多手势词）占优势（87%），其他形式相对较少（13%）。

（二）三类手势在仅一个变体 0 的常用单手势词中的数量与占比

中国手语性状类、动作类和社会文化类常用词以单手势词为主。仅一个变体 0 的中国手语性状类、动作类和社会文化类常用单手势词总共 486 个，其中性状类 194 个，动作类 114 个，社会文化类 178 个。规约性手势、象似性手势和汉语借词在仅一个变体 0 的中国手语性状类、动作类和社会文化类常用单手势词的占比分别为 79%、18%、3%（性状类）；46%、53%、1%（动作类）、76%、22%、2%（社会文化类）。

486 个（仅一个变体 0 的）中国手语常用单手势词中，纯手语词占 98%，汉语借词占 2%。可见，汉语借词对中国手语常用单手势词的影响可以说是微乎其微。

（三）两类手势在仅一个变体 0 的纯手语常用单手势词中的分布

而 475 个纯手语词中，规约性手势占 72%，象似性手势占 28%。可见，纯手语常用单手势词中规约性手势远远多于象似性手势。在词和语素的层面上，从词的构造（或者说"造词法"）方面来看，如果与有声语言（如汉语）作比较，那么中国手语中确实存在大量的象似性符号，显然其象似性程度要远远高于汉语；但是如果从中国手语语言系统的内部来看，象似性手势的占比远远低于规约性手势，而规约性手势主要反映任意性，因此就其本身来说中国手语常用词（在词和语素层面上）的象似性程度并不算太高。在词和语素的层面上，中国手语确实具有一定的象似性，但是整体而言中国手语常用词的象似性程度远不及其任意性程度高。

规约性手势和象似性手势在三类常用词中的分布是不均衡的。性状类和社会文化类常用词的象似性程度要低于中国手语常用词在整体上的象似性程度，而性状类的象似性程度又是其中最低的，这应该跟性状类词的语义特征有关，因为"性状"义比较抽象，大多无形可象。

与性状类和社会文化类不同的是，规约性手势与象似性手势在动作类常用词中却是大体上平分秋色的，且前者的占比还要略低于后者（低了 8 个百分点），这跟两者在性状类和社会文化类常用词中的分布情况以及中国手语常用词的整体面貌均相去甚远。可见，动作类常用词的象似性明显要远远高于性状类和社会文化类常用词，同时也明显高于中国手语常用词的整体象似性程度。动作类常用词在中国手语常用词中当属象似性程度最高的一类，究其原因，这应该与动作类常用词的语义特征有关，因为"动作"义在手语中更宜于以动仿手势来表达。

另外，与性状类和动作类常用词相比，中国手语社会文化类常用词有两个明显的特点：第一，社会文化类常用词中出现了少量无变体 0 的词，而性状类和动作类常用词中则完全没有这种现象。第二，社会文化类常用词纯手语词中出现了少量多手势词，而性状类和动作类常用词中则完全没有这种现象，性状类和动作类常用词中虽然也有少量多手势词，但仅限于汉语借词中的仿译词，在纯手语词中是没有的。

最后还需要指出的是，中国手语性状类、动作类和社会文化类常用词中均无指示性手势。

参考文献

一 论文

安妮:《汉语造词法类型辨梳——兼谈造词法与构词法的关系》,《岭南师范学院学报》2016年第5期。

陈长书:《〈国语〉造词法研究》,《宁夏大学学报》(人文社会科学版)2007年第6期。

陈小红:《上海手语动词及类标记结构方向性研究》,博士学位论文,复旦大学,2009年。

陈雅清:《中国大陆地区代表城市常用手语词异同计量研究》,博士学位论文,复旦大学,2019年。

陈秀君:《汉语动宾结构在上海手语中的表达》,硕士学位论文,复旦大学,2012年。

程国煜:《仿造造词略论》,《内蒙古民族师院学报》(哲学社会科学汉文版)2000年第1期。

董博静:《海口闽方言造词理据探析》,《海南广播电视大学学报》2014年第4期。

邓慧兰:《手语语言学与语言习得研究的关系》,《当代语言学》2002年第3期。

傅远碧:《应将造词法与构词法区分开来》,《绵阳师范学院学报》1995年第2期。

饭田裕子：《上海手语词汇定量研究》，博士学位论文，复旦大学，2015年。

龚群虎：《聋教育中手语和汉语问题的语言学分析》，《中国特殊教育》2009年第3期。

国华：《用手表达的语言——从语言学角度认识手语》，《中国特殊教育》2005年第9期。

国华：《威廉姆·斯多基和他的手语语言学研究评介》，《中国特殊教育》2006年第2期。

葛本仪：《论汉语词形成的基础形式》，《山东大学学报》（哲学社会科学版）1997年第3期。

高丕永：《仿造词：从修辞现象到词汇现象》，《语文学习》1997年第10期。

郭锡良：《汉语的同源词和构词法》，《湖北大学学报》（哲学社会科学版）2000年第5期。

何红艳：《近十年三音节词新词语仿拟造词研究》，硕士学位论文，云南师范大学，2020年。

何五基莫：《汉语新词语修辞方式造词法初探》，《明日风尚》2019年第14期。

洪卡娜：《上海手语类标记手形调查报告》，硕士学位论文，复旦大学，2008年。

姜诚：《上海手语名词手势受年龄影响变异的调查研究》，《中国特殊教育》2012年第3期。

马连湘：《从〈世说新语〉复合词的结构方式看汉语造词法在中古的发展》，《东疆学刊》2001年第3期。

乐佳：《2015—2019年〈中国语言生活状况报告〉媒体新词语造词研究》，硕士学位论文，河北师范大学，2021年。

李线宜：《上海手语同时性结构调查研究》，博士学位论文，复旦大学，2010年。

李薇：《构词法与造词法的区别》，《语言学刊》2016年第9期。

李如龙：《汉语词汇衍生的方式及其流变》，《河北师范大学学报》（哲学社会科学版）2002年第5期。

栗臻：《汉语造词法研究综述》，《怀化学院学报》2009年第4期。

林雨洁、于红媛：《年轻人用语的年代差别——以造词法为中心》，《北方文学》2020年第20期。

刘润楠：《中国大陆手语语言学研究现状》，《中国特殊教育》2005年第5期。

刘润楠：《手语语素对比提取法探究》，《中国特殊教育》2012年第7期。

刘鸿宇：《类型学视角下的手语代词系统研究》，《中国特殊教育》2013年第5期。

刘鸿宇：《上海手语的体表达研究》，博士学位论文，复旦大学，2016年。

凌帅：《小论网络词汇的构词与造词》，《黑龙江史志》2008年第13期。

陆一：《上海手语变异研究》，博士学位论文，复旦大学，2012年。

罗琼：《上海手语口动调查报告》，硕士学位论文，复旦大学，2010年。

倪兰：《中国手语动词方向性研究》，博士学位论文，复旦大学，2007年。

欧阳骏鹏：《新词语中的词群现象》，《语文建设》1998年第9期。

孙欢欢：《聋人家庭手势调查报告》，硕士学位论文，复旦大学，2010年。

孙永昌、崔新颖：《河北邯郸涉县方言词汇造词法分析》，《汉字文化》2021年第9期。

孙艳：《试论类推机制在汉语新词语构造中的作用》，《西北师大学报》（社会科学版）1998年第2期。

宋玉柱：《应该把构词法与构形法区别开来》，《逻辑与语言学习》1986年第5期。

吴汉江：《汉语时空象似造词初探》，《苏州科技学院学报》（社会科学版）2014年第3期。

王晨燕：《上海手语数量表达调查报告》，硕士学位论文，复旦大学，2009年。

吴铃：《汉语手语语法研究》，《中国特殊教育》2005年第8期。

许纯晓：《上海手势汉语调查报告》，硕士学位论文，复旦大学，2007年。

薛玲：《上海手语基本手势的年龄差异》，学士学位论文，复旦大学，2004年。

徐正考、张桂梅：《汉语局部同素反义名词研究》，《复旦学报》（社会科学版）2015年第4期。

徐正考、曹敬娇：《汉语特殊造词法研究》，《社会科学战线》2016年第10期。

徐正考、林松：《汉语造词法研究趋势探析》，《学术交流》2019年第4期。

衣玉敏：《上海手语语音调查报告》，博士学位论文，复旦大学，2008年。

衣玉敏：《港台手语语言学研究概况》，《金陵科技学院学报》2009年第2期。

姚春林：《试析几种新造词法——兼评〈多源造词研究〉》，《宿州学院学报》2021年第11期。

严甲琪:《浅析网络词汇的造词法和构词法——以 2018 年网络词汇为例》,《现代交际》2019 年第 13 期。

袁庆德:《早期汉语造词法新探》,《殷都学刊》2002 年第 1 期。

余晓婷、贺荟中:《国内手语研究综述》,《中国特殊教育》2009 年第 4 期。

杨军辉:《中国手语和汉语双语教育初探》,《中国特殊教育》2002 年第 1 期。

于松梅、张宁生:《聋人手语的语言学研究》,《中国特殊教育》2004 年第 9 期。

赵小刚:《汉语造词与造字方式的相似性》,《兰州学刊》1992 年第 4 期。

张吉生:《〈手语〉评介》,《当代语言学》2011 年第 3 期。

张博:《汉语并合造词法的特质及形成机制》,《语文研究》2017 年第 2 期。

张博:《汉语并合造词法对词义结构与词义发展的影响》,《吉林大学社会科学学报》2019 年第 5 期。

郑璇:《上海手语非视觉概念表达研究》,博士学位论文,复旦大学,2009 年。

Bayley, R., Lucas, C., Rose, M., "Variation in American Sign Language: The Case of DEAF", *Journal of Sociolinguistics*, No. 4, 2000.

Benedicto, Elena, Brentari, Diane., "Where Did All the Arguments Go? Argument-changing Properties of Classifiers in ASL", *Natural Language and Linguistic Theory*, No. 22, 2004.

Brentari, Diane, et al., "Can Experience with Co - speech Gesture Influence the Prosody of a Sign Language? Sign Language Prosodic Cues in Bimodal Bilinguals", *Language and Cognition*, Vol. 54,

No. 1, 2012.

Coates, J. & Sutton-Spence, R., "Turn-taking Patterns in Deaf Conversation", *Journal of Sociolinguistics*, Vol. 5, No. 4, 2001.

Cormier, K., Fenlon, J., Johnston, T., Rentelis, R., Schembri, A., Rowley, K., Adam, R., Woll, B., "From Corpus to Lexical Database to Online Dictionary: Issues inAnnotation of the BSL Corpus and the Development of BSL SignBank", *Workshop on the Representation and Processing of Sign Languages: Interactions betweenCorpus and Lexicon*, Vol. 6, No. 1, 2012.

Crasborn, O., Mesch, J., Waters, D., Nonhebel, A., Els van der Kooij, Woll, B., Bergman, B., "Sharing Sign Language Data Online: Experience from the ECHO Project", *International Journal of Corpus Linguistics*, Vol. 12, No. 4, 2007.

Eichmann, H. &Rosenstock, R., "Regional Variation in German Sign Language: TheRole of Schools (Re-) Visited", *Sign Language Studies*, Vol. 14, No. 2, 2014.

Engberg-Pedersen, E., "Review of Lars Wallin, Polysyntetiska Tecken i Svenska Teckenspraket and Polysynthetic Signs in Swedish Sign Language (English Summary)", *Nordic Journal of Linguistics*, Vol. 19, No. 1, 1996.

Fenlon, J., Schembri, A., Rentelis, R., Cormier, K., "Variation in Handshape and Orientation in British Sign Language: The Case of the '1' Hand Configuration", *Language and Communication*, No. 33, 2013.

Fenlon, J., Cormier, K., Schembri, A., "Building BSL SignBank: The Lemma Dilemma Revisited", *International Journal of Lexicography*, Vol. 28, No. 2, 2015.

Geraci, C., Battaglia, K., Cardinaletti, A., Cecchetto, C.,

Donati, C., Giudice, S., Mereghetti, E., "The LIS Corpus Project: A Discussion of Sociolinguistic Variation in theLexicon", *Sign Language Studies*, Vol. 11, No. 4, 2011.

Hohenberger, A., "The Word in Sign Language: Empirical Evidence and Theoretical Controversies", *Linguistics*, Vol. 46, No. 2, 2008.

Johnson, E., "The Relationship between Lexical Variation and Language Change", *Language Variation and Change*, No. 5, 1993.

Johnston, Trevor, "Lexical Frequency in Sign Languages", *Journal of Deaf Studies andDeaf Education*, Vol. 17, No. 2, 2012.

Johnston, Trevor & Schembri, Adam., "On Defining Lexemes in a Signed Language", *Sign Language & Linguistics*, Vol. 2, No.2, 1999.

Lucas, C., Bayley, R., Rose, M., Wulf, A., "Location Variation in American Sign Language", *Sign Language Studies*, Vol. 2, No. 4, 2002.

McKee, D. & Kennedy, G., "The Distribution of Signs in New Zealand Sign Language", *Sign Language Studies*, Vol. 6, No. 4, 2006.

Meir, I., "A Cross-modality Perspective on Verb Agreement", *Natural Language & Linguistic Theory*, No. 20, 2002.

McKee, R. & McKee, D., "Old Signs, New signs, Whose signs? Sociolinguistic Variation in the NZSL Lexicon", *Sign Language Studies*, Vol. 11, No. 4, 2011.

McKee, D., McKee, R., Major, G., "Numeral Variation in New Zealand Sign Language", *Sign Language Studies*, Vol. 12, No. 1, 2011.

Morford, J. & MacFarlane, J., "Frequency Characteristics of American Sign Language", *Sign Language Studies*, Vol. 3, No. 2,

2003.

Padden, Carol & Perlmutter, David., "American Sign Language and the Architecture of Phonological Theory", *Natural Language and Linguistic Theory*, No. 5, 1987.

Quinn, G., "Schoolization: An Account of the Origins of Regional Variation in BSL. SignLanguage Studies, Vol. 10, No. 4, 2010.

Sandler, Wendy, "Prosody and Syntax in Sign Languages", *Transactions of the Philological Society*, Vol. 108, No. 3, 2010.

Schembri, Adam, "Issues in the Analysis of Polycomponential Verbs in Australian Sign Language (Auslan)".PhD dissertation, University of Sydney, 2001.

Schembri, A., McKee, D., McKee, R., Pivac, S., Johnston, T., Goswell, D., "Phonological Variation and Change in Australian and New Zealand Sign Languages: TheLocation Variable", *Language Variation and Change*, No. 21, 2009.

Stamp, R. Sociolinguistic Variation, Language Change and Contact in the BSL Lexicon. Ph. D. Dissertation, London: University College London, 2013.

Stamp, R., Schembri, A., Fenlon, J., Rentelis, R., Woll, B., Cormier, K., "Lexical Variation and Change in BSL", *PLOS ONE*, Vol. 9, No. 4, 2014.

Stamp, R., Schembri, A., Fenlon, J., Rentelis, R., "Sociolinguistic Variation and Change in British Sign Language Number Signs: Evidence of levelling", *Sign Language and Studies*, Vol. 15, No.2, 2015.

Sutton-Spence, R., Woll, B., Allsop, L., "Variation and Recent Change in Fingerspelling in BSL", *Language Variation and*

Change, No. 2, 1990.

Vasishta, M., Woodward, J., Wilson, K., "Sign Language in India: Regional Variation within the Deaf Population", *Indian Journal of Applied Linguistics*, Vol. 4, No. 2, 1978.

Woodward, J. & DeSantis, S., "Two to One It Happens: Dynamic Phonology in Two Sign Languages", *Sign Language Studies*, No. 17, 1977.

Woodward, J., Erting, C., Oliver, S., "Facing and Handling Variation in American Sign Language", *Sign Language Studies*, No. 0, 1976.

Woodward, J., "Intuitive Judgments of Hong Kong Signers about the Relationship ofSign Language Varieties in Hong Kong and Shanghai", *CHUK Papers in Linguistics*, No. 4, 1993.

Wulf, A., Dudis, P., Bayley, R., Lucas, C., "Variable Subject Presence in ASL Narratives", *Sign Language Studies*, Vol. 3, No. 1, 2002.

二 著作

[美]查尔斯·桑德斯·皮尔斯（Charles Sanders Peirce）、詹姆斯·雅各布·李斯卡（James Jacób Liszka）：《皮尔斯：论符号 李斯卡：皮尔斯符号学导论》，赵星植译，四川大学出版社2014年版。

[美]乔治·莱考夫、马克·约翰逊：《我们赖以生存的隐喻》，何文忠译，浙江大学出版社2015年版。

[英]克里斯特尔：《现代语言学词典（第四版）》，沈家煊译，商务印书馆2007年第4版。

安华林：《语言学理论与训练》，暨南大学出版社2015年版。

北京大学中文系现代汉语教研室：《现代汉语》，商务印书馆

2004年版。

辞海编辑委员会：《辞海·语言学分册（第2版）》，上海辞书出版社1987年第2版。

陈小红：《中国手语动词及类标记结构方向性研究》，湖南人民出版社2015年版。

陈光磊：《汉语词法论》，学林出版社1994年版。

曹炜：《现代汉语词汇研究》，北京大学出版社2004年版。

傅逸亭、梅次开：《聋人手语概论》，学林出版社1986年版。

葛本仪：《现代汉语词汇学》，山东人民出版社2001年版。

葛本仪：《汉语词汇研究》，外语教学与研究出版社2006年版。

郭锡良等：《古代汉语》，商务印书馆2019年版。

黄伯荣、廖序东：《现代汉语》上册，高等教育出版社2017年版。

黄培森：《中国特殊教育史略》，西南交通大学出版社2015年版。

李仕春：《汉语构词法和造词法研究》，语文出版社2011年版。

刘叔新：《汉语描写词汇学》，商务印书馆1990年版。

廖庶谦：《口语文法》，读书出版社1946年版。

彭泽润、李葆嘉：《语言理论》，中南大学出版社2009年第5年版。

任学良：《汉语造词法》，中国社会科学出版社1981年版。

孙常叙：《汉语词汇》，吉林人民出版社1956年版。

沈阳、郭锐：《现代汉语》，高等教育出版社2014年版。

武占坤、王勤：《现代汉语词汇概要》，内蒙古人民出版社1983年版。

王力：《同源字典》，商务印书馆1982年版。

王宁:《汉字构形学》,商务印书馆 2015 年版。

文炼:《处所、时间和方位》,上海教育出版社 1984 年版。

徐通锵:《语言论——语义型语言的结构原理和研究方法》,东北师范大学出版社 1997 年版。

许威汉:《汉语词汇学导论》,北京大学出版社 2008 年版。

赵锡安:《中国手语研究》,华夏出版社 1999 年版。

赵元任:《北京口语语法》,开明书店 1952 年版。

张寿康:《构词法和构形法》,湖北人民出版社 1981 年版。

朱德熙:《语法讲义》,商务印书馆 1982 年版。

Baker – Shenk, C., Cokely, D., *American Sign Language: A teacher's Resource Text onGrammar and Culture*, Silver Spring, MD: T. J. Publishers, 1978.

Battison, Robbin, *Lexical Borrowing in American Sign Language*, Silver Spring, MD: Linstock Press, 1978.

Brennan, M., Colville, M., Lawson, L., *Words in hand: A Structural Analysis of the Signs of British Sign Language*. Edinburgh: Edinburgh British Sign Language Research Project, Moray House College of Education, 1984.

Brentari, Diane, *A Prosodic Model of Sign Language Phonology*, Cambridge, MA: MIT press, 1998.

Carol Neidle, Judy Kegl, Dawn Maclaughlin, Benjamin Bahan, Robert G. Lee, *The Syntax of American Sign Language*, London: The MIT Press, 2000.

Clayton Valli, Ceil Lucas, *Linguistics of American Sign Language*, Washington D. C. : Gallaudet University Press, 1992, 2000.

Ceil Lucas, *The Sociolinguistics of Sign Languages*, Cambridge: Cambridge University Press, 2001.

Johnston, T, *Signs of Australia: A New Dictionary of Auslan*, Sydney: North Rocks Press, 1998.

Johnston, Trevor & Schembri, Adam, *Australian Sign Language (Auslan): An Introduction to Sign Language Linguistics*, New York: Cambridge University Press, 2007.

Klima, Edward S. and Ursula Bellugi, *The Signs of Language*, Cambridge, MA: Harvard University Press, 1979.

Kennedy, G., Arnold, R., Dugdale, P., Fahey, S., Moskovitz, D., *A Dictionary of New Zealand Sign Language*, Auckland: Auckland University Press with Bridget Williams Books, 1997.

Liddell, S., *Grammar, Gesture and Meaning in American Sign Language*, Cambridge: Cambridge University Press, 2003.

Lucas, C., Bayley, R., Valli, C., *Sociolinguistic Variation in American Sign Language*, Washington D. C.: Gallaudet University Press, 2001.

Meyerhoff, M., *Constraints on Null Subjects in Bislama (Vanuatu): Social and Linguistic Factors*, Canberra: Pacific Linguistic Publications, 2000.

Moody, B., *Introduction a L' Histoire et a la Grammaire de la Langue des Signes Entre les Mains des Sourds*, Paris: Ellipses, 1983.

Padden, Carol., *Interaction of Morphology and Syntax in American Sign Language*, New York: Routledge, 2017.

Pfau, R., Steinbach, M., Woll, Bencie (eds.), *Sign language: An International Handbook*. Berlin/Boston: De Gruyter Mouton, 2012.

Rachel Sutton-Spence, Bencie Woll, *The Lingustics of British Sign Language*, London: Cambridge University Press, 1999.

Radutzky, E., *Dizionario Della Lingua Italiana dei Segni*,

Rome: Edizioni Kappa, 1992.

Sandler, Wendy & Lillo-Martin, Diane. *Sign Language and Linguistic Universals*, New York: Cambridge University Press, 2006.

Stokoe, W. C., D. Casterline, C. Croneberg, *A Dictionary of American Sign Language on Linguistic Principles*, Silver Spring: Linstok Press, 1965.

Stokoe, W. C., *Sign Language Structure*, Silver Spring: Linstok Press, 1978.

Taub, Sarah, F., *Language from the Body - Iconicity and Metaphor in American Sign Language*, Cambridge: Cambridge University Press, 2001.

Wallin, L., *Polysynthetic Signs in Swedish Sign Language*, Stockholm: Stockholm University, 1996.

后　记

　　书稿付梓之际，编辑要我写个后记，我竟不知从何写起，久久无法动笔。回顾自己的科研之路，发表论文不过二十余篇，出版专著也只有两部，可是每篇论文、每部专著都是我的孩子，均为沤心沥血之作！一篇学术论文从酝酿到动笔写作，往往需要好几个月甚至长达半年、一年之久，酝酿完成之后写作过程尽管思如泉涌，可是写完之后仍然需要数易其稿、精益求精，始终秉持"一个字都不能多"的原则。两部专著均为国家社科基金项目结项成果，每一部都凝聚了我数年心血！专著完成，心力交瘁，身心俱疲，唯一的心愿就是想一个人静一静，休息一会儿。

　　本书给我的感悟是：对于一个语言学研究者来说，如果你觉得自己才思枯竭，那么请回到语料中去！丰富的语料会给你无穷的灵感和不竭的源泉。据说刑侦专家在处理疑难案件遇到瓶颈时，也有一句话叫做："回到犯罪现场去！"道理应该与此类似吧。我要感谢我的导师龚群虎教授和他带领的复旦手语研究团队为我提供丰富的语料支持！本书的研究依托复旦大学中国手语语料库中的词汇数据库，该数据库的视频语料采集于中国30个代表城市，总共58位被调查人。数据库中存有58份完整语料（除广州、呼和浩特两个城市各只有一位被调查人之外，其他各城市均有两位被调查人）。获得龚老师手语研究团队的授权，本书利用了该词汇数据库的全部视频语料，并对其中的性状类、动作类和社会文化类常用词总共 614 个（58 份完整视频语料、总共 35612 个手语词视频）进行了考察，对其中有常见变体的 600 个词的常见变体的构造类型的数量与占比、各种构造类型在三类常用词中的分布情况及其变异性进行了统计分析与研究。本书的研究任务能够顺利完成，很大程度上得益于复旦大学中国手语语料库（词汇数据库），感谢龚老师及其团队的无私帮助和辛勤付出！感谢所有接受调查的聋人朋友！

学界大多认为中国手语可以分为南北两大方言，北方方言以北京手语为代表，南方方言以上海手语为代表，但此种划分目前并无充分的数据支撑。陈雅清根据自己的统计结果，认为上海是南方手语的中心，但是并未明确指出北京即为北方手语的中心。在本书的研究过程中，我们发现了三个或多或少令人惊异的现象：(1) 从语料来看，中国手语词的常见变体及次常见变体不一定来自中国的政治中心或经济、文化中心（如北京或上海），不一定是北京变体或上海变体。(2) 常见变体是中国手语各地域变体的公约数，从中国手语常见变体的基本情况来看，涵盖中国如此广大区域的中国手语中其实有一个自然存在的共同语，因此我们认为作为标准语的"通用手语"理所当然应该以此自然存在的共同语为基础。(3) 从语料中常见变体与次常见变体的地理分布情况来看，我们发现中国手语的地域分布中心竟然既不是北京，也不是上海，而是分布在从郑州到广州的京广线沿线一带，这与学界先前对中国手语方言分布的印象大相径庭（与陈雅清的统计结果也有很大差异，这可能与对词汇变体的看法及研究角度不同有关），与汉语方言在地域上的分布特点也是完全不同的。以上三点发现确实出乎意外，尤其是第三点（因属于初步认识，故本书并未提及），假如它真的成立，那么就会颠覆我们目前对中国手语方言分布的认知。当然，它要成为真正站得住脚的重要结论，还需进一步深入研究，以及来自真实语料的统计数据支持，该任务工作量巨大。

  本书的不足：虽然研究了中国手语的手势构造并统计分析了中国手语常用词常见变体的各种构造类型，但是没有对中国手语词的次常见变体和罕见变体的构造类型进行全面的统计分析，因此对中国手语词汇变异问题的研究还可以进一步向前推进。

  尚需深入研究的问题是：（1）对中国手语词的次常见变体和罕见变体各种构造类型予以全面的统计分析，进一步深入了解中国手语词汇变异及其所受汉语影响的程度与方式。（2）中国手语"造词法"与"构词法"的异同，以及中国手语与汉语"造词法""构词法"比较研究。

陈小红
2023 年 11 月 26 日